朝日新書
Asahi Shinsho 600

書く力

私たちはこうして文章を磨いた

池上　彰
竹内政明

朝日新聞出版

編集協力　井之上達矢

はじめに

「立派すぎることは
長持ちしないことだと
気付いているほうがいい
完璧をめざさないほうがいい」

詩人の吉野弘は、結婚する若い二人に、「祝婚歌」でこう語りかけました。若くもなく、結婚するわけでもない著者二人ですが、文章について語るときに、私の脳裏には、この詩がよぎりました。

何を偉そうに文章の書き方について講釈を垂れるのだ、という内なる声が響いていたのです。その声に抗《あらが》いつつ、対談を終えました。

なぜか。そんな思いをしても、竹内政明さんの文章術の秘密を聞き出したかったからです。

読売新聞の一面を下から読ませる男。私は竹内さんを密かにこう呼んでいます。一面の左下を定位置にするコラム「編集手帳」。この話はどこへ行くのだろうかと思わせる書き出し。そうか、そう来るかと思わず唸る展開。急転直下、余韻を残して終わる文章。コラムとは、こうあるべきだというお手本になっているのです。

私はテレビに出ていますので、「テレビで話す人間」というイメージをお持ちの方もいらっしゃるでしょうが、そもそもはＮＨＫの記者。原稿を書くのが本業です。どうすればいい文章が書けるのか、ひたすら試行錯誤を繰り返してきました。そこで出合ったのが「編集手帳」でした。

どうすれば、こんな文章が書けるのか。お話を聞かせていただきたい。朝日新聞出版の編集者・二階堂さやかさんを通して対談をお願いしたところ、快く（おそらくは）お引き受けいただきました。かくして読売新聞記者と元ＮＨＫ記者が、朝日新聞の関連会社から書籍を出すという異色の展開になりました。

対談を始めるに当たっての二人の共通理解は、いわゆる「名文」を書くノウハウのようなものにはしたくないというものでした。

書名をどうするか検討した際には、『くたばれ名文』などという物騒なタイトルも俎上に載ったほどです。

結局、『書く力』という書名に落ち着いたのですが、『書く力』と書こうとキーボードを叩いたら、「各地から」と誤変換されてしまいました。

うーむ、これは誤変換ではなく、真実を衝いた表記かも。まさに各地から名文や悪文を引っ張ってきて、勝手放題に言い合った部分もありますから。

いい文章が書けるようになりたい。そう熱望していた私は、駆け出し記者の時代、文章読本の類を乱読しました。その中には、斎藤美奈子さんの『文章読本さん江』も入っていました。この本は恐ろしい作品です。古今東西の文章読本をバッサバッサと斬って捨てる勢いだからです。これを一読したときには、「文章読本の類は絶対に書くものか」と決意したほどです。

しかし、自分が書くのではない。名人・竹内さんに教えを請うのだ、と言い聞かせながら、ここまでやってきました。読者のあなたが、「なんだ、この程度なら書けるじゃないか」と思っていただけるようにしたいと考えたのです。その結果、身も蓋もない手練手管を竹内さんから聞き出すことに成功しました。
おっと、自画自賛はいけませんね。吉野弘は、こうも戒めています。

「正しいことを言うときは
少しひかえめにするほうがいい
正しいことを言うときは
相手を傷つけやすいものだと
気付いているほうがいい」

ひかえめに申し上げます。従来の文章読本とは、ちょっと違ったものになったと思います。

二〇一六年一二月

池上　彰

書く力

目次

第二章

第三章 名文でリズムを学ぶ

《第一章》

構成の秘密

――「ブリッジ」の作り方

まずはテーマを決める――テーマと自分をつなぐブリッジを見つける①

竹内　弱気な話から始めていいですか。

道ばたで、ひどく肥満した男が痩せ薬を売っている。通りかかった人が男の風体をジロジロ見ながら、疑わしげに聞いた。「ほんとうに効くのかい？」。男は答えた。「俺は商品に手を出さない主義なんだ」。古い小話にあります。

文章術めいた本を出すのは気が重いものです。私は〝名文病〟患者ですが、名文家ではありません。読んだ人から、「あんた偉そうにご高説を垂れているけど、その割に文章がお粗末だね。ほんとうに効くのかい？」。そう皮肉られるのが目に見えていますからね。「私は商品に手を出さない主義でして」と、涼しい顔でいる度胸もない。それでも、「文章」がテーマだと聞くと、性懲りもなく、こうしてノコノコ出てくる。ヘタの横好きってヤツですね、きっと。

以前、文章術の本を書きました。読んだ知人が、「いやあ、かえって文章が書きにくくなった」なんて嘆くんですよ。つまりは本から影響を受けた、ということで一種の褒め言葉だとわかっていても、胸のあたりがチクリと痛みました。売った痩せ薬で客を太らせちや意味がない。

それで、今回の池上さんとの本は、読んでくださった方が「どんどん書きたくなる」ようなものにできればいいな、と思っているんです。

池上　賛成です。実は私も竹内さんの日々のコラムや本を読んで、「文章を書きにくくなっている人間」の一人なんです（笑）。ただ、この本は、読み終わったあとに、「今から何か文章を書いてみようかな」と思えるような文章術の本にしましょう。

では、さっそく本題に入りましょうか。まずは、竹内さんの書いた「編集手帳」を紹介させてください。

国文学者の池田弥三郎さんに、夫人と一緒に東北の旅館に泊まった折の思い出話がある。散歩に出るとき、番頭さんが「じいさん、ばあさん、お出かけ」と大声で呼ばわった。戻ると今度は、「じいさん、ばあさん、お帰り」。

一度はともかく、二度は勘弁ならぬ。キミ、僕たちは確かに若くはないが、もっとほかに言い方があるんじゃないか！　問いただしたところ、〝じいさん、ばあさん〟は夫妻の部屋番号「十三番さん」であったという。

ほんのひと言で、その土地に生まれ育った人を懐かしい過去に呼び戻し、ゆきずりの旅人には土産ばなしを残してくれる。お国なまりは魔法の言葉だろう。

連休もきょうから後半に入る。勤め先や学校のある都会から帰省した方は多いはずである。家族や幼なじみとの会話という薬効つきの〝方言シャワー〟を浴びて、たまった心の凝りをほぐしている人もあるに違いない。

〈ゼロイチ……を廻せば捨てし訛《なまり》いづふるさとすでに雪に鎖《と》ざされ〉（小嵐《こあらしく》九八郎《はちろう》、歌集『叙事　がりらや小唄』）。市外局番を回すだけで、遠い故郷の風景が浮かぶ。お国なまりはありがたきかな。

（読売新聞２０１６年5月3日「編集手帳」）

竹内さんのコラムを拝読していると、「え、この話はどこに行くんだろう?」と思わせておいて、「なるほど、そこにたどり着きましたか」とストンと落ちる文章展開が多いですね。

このゴールデンウィークの只中に掲載されたコラムでも、「十三番さん」を「じいさん、ばあさん」と聞き間違えるという、訛りを元にした楽しいエピソードから入って、どういう展開をするのかなと思っていると、郷里の思い出につながる。そして、「ああ、連休の過ごし方の話か」と気づいたときには、自然と自分の郷里や両親のことが思い出されてきて、ちょっとほろりとさせられてしまう。

コラムやエッセーに限らず、講演会の原稿でも、大学の講義録でも、うまい文章だな、面白い話だなと思うものの多くは、話がどう転がっていくのかがわからなくて興味をそそるものになっています。ただ、竹内さんの文章は、とくにその傾向が強いように思います。こうした文章を書くためのコツのようなものはあるのでしょうか。

竹内　ちょっと回りくどい話になりますが……。

池上　どうぞどうぞ。竹内さん流でお願いします。

竹内　よく昔から、文章は「起承転結」が大事、なんて言いますでしょ。お手本とされる俗謡があります。〈(起) 大阪本町糸屋の娘／(承) 姉は十六妹は十四／(転) 諸国大名弓矢で殺す／(結) 糸屋の娘は目で殺す〉。作者は江戸期の漢詩人、頼山陽《らいさんよう》だそうですが、これに類する文章なんて、誰が書けます？　私はもう一五年も編集手帳で文章と格闘していますけど、書けたためしがない。きっと、一〇〇年たっても無理でしょう。文才で山陽の足もとにも及ばぬ身は、じゃあ、どうするか。

私が文章を書くときにまず考えるのは、言葉にしてしまえば身も蓋もないけれど、「うまく書けそうなテーマを選んで書く」、別の言い方をすると、「自分がわかっていることを書く」ということなんです。

仕事で毎日コラムを書いていると、「ぜひ、これを書きたい」と思うような日は、一年のうち二〇日もあれば多いくらいです。「どうしても書きたいこと」なんてものは、そうそうはない。けれども、編集手帳を空欄にして新聞を出すわけにはいかない。締め切りの時刻は迫ってくる。起承転結なんて知ったことか。きのう見た映画でも、きょうのお天気でも、とにかく肌で、目で、耳で、自分がわかっていることを書くしかないですよね。

「国際情勢について書けば、ジャーナリストっぽく見えるかしら」「科学ネタを取り上げたら、格調高いコラムと褒めてもらえるかな」なんて、変な色気を出すのは禁物です。生半可な知識しか持ち合わせていないテーマでは、いくら「構成」に工夫を凝らしても、面白く仕上がるはずがない。

テーマと自分をつなぐ「ブリッジ」が必ずあるはずです。まずはそれを見つけます。

池上　なるほど。起承転結のような構成の仕方に頭を悩ませる以前に、まずは、「何を書くか」をはっきりさせるということですね。

確かに、読んでいて「あまり面白くないな」と感じてしまう文章は、ほとんどの場合、厳しい言い方のようですが、構成に工夫が足りないとか、表現力が足りないとかいう以前に、作者自身が「自分はこれから何を書くか」をはっきりとわかっていない。だから、工夫のしようもない、あるいは工夫の仕方がズレている状態におちいっている気がします。

とにかく「書くべきこと」をはっきりさせる。それが「自分の書きたいこと」かどうかはさておき、その原稿の中で「書くべきテーマ」を明確にするということですね。そのときに背伸びをしてもいいことはないよ、と。

そう言えば、編集者から原稿を依頼されるときも、「〇〇について書いてください」と指定されたほうが、書き手としてはラクなんですよね。「なんでもいいから書いてください」と言われると困る。これは、「なんでもいいから書いてください」と言われた場合は、自分で「書くべきこと」を明確にしなければいけないからですね。そういうときは、つい背伸びをした話を書いて、失敗してしまうこともあるわけです。

「身近な話」には魅力がある——テーマと自分をつなぐブリッジを見つける②

竹内　読売新聞社では、「読売中高生新聞」というのを発行しているんですが、その中で月に一度、中高生に書いてもらった作文を私が二本選んで、添削しているんです。テーマとしては、政治や経済、社会問題といった硬派なものを取り上げたものが多いんですけど、私が「ああ、なるほど。面白いな」と感心するのは、その子が家族と交した会話や学校での出来事など、半径二、三メートルの世界について書いた部分がほとんどなんです。そして、身近な世界ほど魅力的に表現できるというのは、中学生や高校生に限った話ではないんですね。大人も同じだと思うんですよ。

池上 読者は「自分の知らない話」を面白がるものですよね。実は、その書き手にとって「すごく身近な世界」というのは、新聞記事やテレビのニュースで報道されたりしませんから、読者にとっては「自分の知らない話」、つまり新鮮な情報になる。

記者やジャーナリスト、もしくは何年も一つのことについて調べている研究者などであれば、「身近な話」でなくても、読者の知らないことを提供できるかもしれません。「読者の知らないこと」を探して、発信するのが仕事ですからね。でも、一般の人からすると、それは難しい。世間には、さまざまな分野の専門家や有識者による情報がすでに発信されています。そうしたものに匹敵するような稀少な情報や、みんなの目が覚めるような独創的なアイデアは、なかなか出せるものではない。その中で、「身の回りのこと」というのは、「自分にしか書けないもの」であって、それはかなりの高確率で魅力的な情報になり得る。だから、「書くべきテーマ」として、ヘタに格好つけた話を持ってくるよりも、身近な話を持ってくるというのは、かなり有効な手だと言えますよね。

竹内　そうなんです。先日は、リオで行われたオリンピックをテーマにした作文を集めたのですが、その中に、高校生の書いたもので、ちょっと面白いのがあった。その作文は、「英検に落ちた」という話から入っていました。それでもあきらめずに勉強して、何度も受けているうちに、ようやく合格することができた。そこから、これまでメダルを取り逃がしていたけれども、今回の大会でメダルを取ることができたオリンピック選手の話につなげていくんです。

オリンピックのような多くの人が注目しているものをテーマにして文章を書くとしても、自分の小さな経験から入る。身の回りを描きながら、地球の裏側で行われたオリンピックという大きな話題につなげていく。

自分の経験というのは、細かなところまでよく「知っている」わけですから、詳しく書くことができる。つまり、「自分がわかっている、書ける話」だということです。

最初に池上さんから話があった「興味をそそる話の展開の仕方」ということから考えて

も、かなり有効な手の一つだと思います。小さな話から入って、大きな話につなげる。こうしたスケールの違う話をつなげることで、文章の展開は読者の予想のつかないものになります。

「連想ゲーム」トレーニング——テーマと自分をつなぐブリッジを見つける③

池上　とくに「書きたいこと」はない。自分の周りを見渡しても、書くべき内容がどうしても見つからない。そういう人は、どうしたらいいのか。

「それは無茶振りだ」と思われるかもしれませんが、私は、「なんでもいいから書いてみる」ということをおすすめしたいですね。そのテーマが世間的に意義があるのかどうかも、内容としてまとまっているかどうかも、とりあえず置いておき、パソコンの電源を入れて、文字を置いてみる。

そうすることで、自分の考えがまとまってくるんですね。実際に文字にすると、自分でそれを客観的に「読む」ことができるようになる。つまり、自分と自分で対話ができるようになるんです。その対話の中から、「もしかしたら、今回お前が書こうとしているのは、こういうことじゃないの?」ということが、一つでも見えてくれば、それをとっかかりにして、話を膨らませることができますよね。

例えば、会社内で配布される冊子か何かに寄稿を頼まれたとします。しかも、とくに書きたいことがない。そんなときどうするか。

背伸びをしても仕方がないので、まずは自分の日々の業務を振り返る。そして、もし自分が「業務を効率的に進める」ことを目標に仕事をしているのであれば、それを柱にする。もし自分が「社員の交通費や経費を整理する」ことをしているのであれば、それを柱にする。その上で、身の回りで起きた笑い話や、興味を引きそうな話を探す。そうして、話が膨らむようなら、少なくとも白紙の原稿とにらめっこをしている状態からは抜け出すことができる。

竹内　その辺りは、連想ゲームをしている感覚に近いですよね。一つの柱ができたら、そこから連想されることを、これまで見聞きしてきたことでもいいし、最近感じたことでもいいので、とにかく思い浮かべていく。そして、それを実際に原稿の上に置いてみる。すると、不思議と「これなら書けるかもしれない」という道筋が見えてくるんですね。

池上　広告代理店や大手出版社など、多くのメディア系企業の入社試験で頻出するのが、「三題噺」です。一見、まったく関係のない三つの言葉が並べてあって、「この三つの言葉を必ず使って、文章を書きなさい」というものですね。もちろん、こうした試験でもない限り、わざわざ「三題噺」をする必要はないけれども、文章トレーニングの一つとしては、とても有効だと思います。まったく関係のないいくつかの出来事や知識から、一つのテーマを紡ぎ出す訓練になる。もっと言えば、竹内さんの書く文章のような「どこへつながるかがわからないことが魅力的な話」を書くときも、まさにこの連想する力が求められるんだと思います。

結論よりも、まずは「書き出し」を――テーマと書き出しをつなぐブリッジを見つける

池上　ちなみに、朝日新聞に連載している「新聞ななめ読み」でも、まずは「テーマ」を決めています。今も新聞各紙を持ち歩いているんですけど、今夜書く原稿については、すでにテーマは固まっています。「日銀が金融緩和のやり方を変えたことについて、各紙はどのように解説しているのか」とするつもりなんですね。

日銀がどのように金融緩和のやり方を決めているのか、またそれがどう変わったのかという話は、一般の読者からすると、かなり難しい話です。専業主婦の方はもちろん、普通に社会人として働いている人にも、なじみがない。これを各紙はどのように工夫して報道

したかを「読み比べ」てみるつもりなんですね。

テーマが決まった後、次に考えるのが、「書き出し」です。

今回の原稿では、「こんなわかりにくい話を、どんな風に書いたのだろうか」、あるいはもう少し踏み込んで、「みんな、ちんぷんかんぷんですよね」といった感じで始めようとは思っています。今回は内容が難しいので、書き出しは、できるだけ読者の視線で入ろうかなと。

結論はまったく決めていません。随筆風の文章だと、もう少し最初からオチを決めておいたほうが収まりの良い原稿が書けるのかもしれませんが、この「新聞ななめ読み」のような解説コラムだと、「書いているうちに、ふと結論が浮かんでくる」ことが多いんです。

竹内 テーマが決まった後に、「書き出し」をどうするかを考える。私も同じやり方をしています。

さきほど紹介していただいた「編集手帳」の例で言えば、最初に、「連休」について書こうと決めました。これがテーマですね。私は、朝起きると、まずはNHKの朝のニュースを見るんです。そして、新聞の一面コラムとして、どうしても取り上げなければならないような事件があれば、とにかくそれをテーマにする。もし、そうした重大な事件がなければ、自分の中で「書けそうなテーマ」を決めてしまう。この日は、とくに大きな事件がなかったんでしょうね。だから「連休」になった。

そして、次に考えるのが「書き出し」なんですが、もしテーマをいったん決めても、「書き出し」がうまく浮かばなければ、別のテーマにしてしまいます。それくらい「書き出し」は大事にしているんです。このコラムでは、以前から「いつか使ってやろう」と温めていたエピソードを使いました。この「十三番」を「じいさん、ばあさん」と聞き間違える話は、紹介するのに字数がたくさん必要なので、なかなか使うチャンスがなかったんです。

字数は問題でしてね。例えば同じお国なまりでも、昭和のコメディアン古川ロッパに、〈コスモスと電話をかける女かな〉という句があります。電話の「モシモシ」は東北弁で「モスモス」、それを花のコスモスと掛けているのですが、俳句や川柳ならば気楽に引用できます。エピソードはそうはいかない。

無駄を恐れない——冒頭から結論へのブリッジを見つける①

池上　やはり、竹内さんは、「いつか使ってやろう」というエピソードをたくさん温めておいているのですね。こうしたエピソードは、「すぐに使って……」というものでもない。いつ使えるかわからないものをたくさん貯めておくと、「ここぞ」というときに使える、というようなものなんですよね。

「新聞ななめ読み」を書く場合は、エピソードから引っ張ってくるというよりも、まずは各新聞を読んで気づいたことを文章にしていきます。ただ、基本的な考え方は同じだと思うんです。

その「気づいたこと」というのは、最終的に原稿で使うかどうかはわかりません。ただ、「記事の部品になりそうなもの」をとにかく挙げていく。

今回の「日銀が金融緩和のやり方を変更したことを、どのように各紙が報じたか」についての原稿で言えば、まず、それぞれの新聞がどこに掲載しているのかを書いてみる。ちなみに、朝日新聞以外はみんな一面トップにしていました。注目すべきは読売新聞が破格の扱いをしていることです。まさに大特集。経済専門紙の日本経済新聞が五ページで、これでもかなり大きな扱いと言えるのに対して、読売は八ページにもわたって検証も含めた大解説をしている。これには驚きました。

それから次は、タイトルをざっと見ていきます。「日銀緩和、量より金利」「日銀緩和、量から金利に」など、日銀が「どのような決め方をするようになったか」をタイトルにもってきているのが主流のようですが、日経だけは「日銀、緩和の長期化視野」と、今回の「決め方の変更が何を意味するのか」をタイトルにしている。この点については、さすが日経と言うべきか、もっとも本質的なことを前面に打ち出しています。

このようにして、「書くべき要素」を、まず書き出してしまう。全体の構成は、自分で書き出したその要素を眺めたり、何度も読み返したりしながら、全体の流れが通るようにしていくというわけです。

文章を書くのが苦手という人の多くは、この「要素を書き出す」ということをしていないように思います。だから、テーマ、中身、そして話の流れまで、白紙の状態からすべてを同時に考えなくてはいけなくなってしまっているんですね。もちろんそれでも書ける人もいるのかもしれませんが、普通は難しい。ラクをしようとするのではなくて、ちょっと遠回りに感じるかもしれないけれども、「材料を書き出す」ところから始めると、結局は、早く仕上がるように思います。

パソコンのワープロソフトが使えるようになってから、文章の切り貼りが本当にやりやすくなりました。以前は、頭の中で構成をかなり練りこんでから書き始めないと、途中まで書いたはいいけれども、全面的に書き直しということがありましたが、ワープロソフトを使っていれば、いつでも切り貼りできます。だから、今は、とりあえず書きたい内容を思いつく限り、メモとして原稿に置いておく。そして、その要素の順番を「ああでもない、こうでもない」と入れ替えることで、原稿が作れればいいんです。

そのときのコツとしては、「全部を使わなくてもいい」と思うことだと思います。思いついた要素を全部きれいにつなげるのは、それは当然かなりの技量が必要になります。でも、そんな必要はないわけですね。最初は「これは使えるかな」と思った文章でも、うまくつながらないなと思えば、それは使わなければいいわけです。そこは贅沢に使っていけばいい。

竹内　おっしゃる通りですね。まず、頭から書き始めて、そのまま書き終えたものが、人様に読んでもらえるような文章になっているなんてことは、期待してはいけません。何度も何度も、「こっちの文を先に持ってきたほうがいいか、いや、やっぱり後回しか」と、切り貼りを重ねることで、なんとか「読める文章」になっていきます。

池上さんの文章は、読んでいて、すーっと頭に入ってきますね。「あれ、これはどういう話の流れだったっけ」と、前に遡って読む必要がまったくない。こういう文章を書くのが難しいんです。読者の頭に入りやすくすることだけを考えて書くと、往々にして平板な文章になってしまう。といって、ちょっと奇をてらって組み立て方を斬新にしてみると、今度は意味がわからないと言われてしまう。そのへんの調整は本当に厄介なんですが、二つを見事に両立させているのは、そうした推敲がしっかり行われているからなんでしょうね。

池上　テレビ的、あるいはラジオ的な感覚が、身体に沁みついているということなんでしょう。放送で流れた文章は前に戻って確認することができませんから。この部分は前に持ってきたほうがスッキリするかな、この部分はしつこいから省略しようかなといった作業は、自分なりに綿密にしているつもりです。ただ、それは少しでも魅力的な文章を作ろうとしているだけであって、とくに意識して、「前に遡って読む必要がないように」といった調整をしているわけではないんですけどね。

竹内　それから「考えたことのすべてを文章に使うことはない」ということで言うと、私自身が心がけているのは、最初に自分の書いたものを、とにかく半分にしてみるということです。それだけで、文章が生き生きとしてくるんです。もし、長めの文章を書いているのであれば、「半分にする」というのは誇張ですが、少なくとも三分の二には切ってみる。

せっかく書いたものを削るなんてもったいないと考えずに、読者の方も騙されたと思って、ぜひ試していただきたい。最初に書いた文章よりも、ずっと引き締まっているはずです。

「部品」の種類は多めに持とう——冒頭から結論へのブリッジを見つける②

竹内　実際に原稿を書いていくときには、私も池上さんの言う「記事の部品になりそうなもの」を用意するわけですが、そのときに、つくづく感じるのは、「文章力は引き出しの量に大きく左右される」ということなんです。

テーマが決まったとしても、それに続く中身を作っていくにあたって、引き出しの量が少ないと、話を自由に展開させることができない。

例えば、一五年以上前に、某新聞のコラムに掲載された例を紹介しますと、その頃、雨の季節だったんです。それで、そのコラムは「あめあめ　ふれふれ　かあさんが」という北原白秋の歌から書き始めて、調子よく展開させた。でも、その日の晩に、行方不明者が出るほどの豪雨になって、翌日付のコラムで謝罪をすることになったんですね。

もちろん、どうしても「楽しい雨」を書きたくて、北原白秋の歌を持ってきたのであれば、それは仕方がないと思います。豪雨になったのは運が悪かった。そうではなくて、

「雨をテーマに何か書かなきゃいけない」ということだったのであれば、災害が起きた場合にも被災地の反感を買わない内容の文章に仕上げたほうがいい。「あめあめ　ふれふれかあさんが」しか引き出しがなければ、「雨を楽しむ」方向にしかもっていけません。

例えば、ヴェルレーヌの「都に雨の降るごとく　わが心にも涙ふる」から入れば、ノーテンキな方向に話は展開しないでしょう。悲しい話にしてもいいし、そこまで涙を誘うようなものにしなくても、しっとりと雨を語ることができる。

もちろん、後日謝罪をしなければならないような事態になるのはプロの書き手だけですが、一般の方であっても、話の展開の選択肢は多いほうがいい。「うーん、あの詩を使おうか、いや、こっちの俳句のほうが味わい深いかな」と、文章執筆の楽しい悩みを堪能することができますからね。

池上　雨と聞くと、思い出す話が一つあります。昔あるテレビのキャスターが、六月の梅雨の時期に、週末前の放送で「週末は雨が降らないといいですね」といって番組を終えました。すると、「農家では雨が降らないと困るんだ」と抗議電話がかかってきた。ことほどさように、雨はそれぞれの人によってまったくイメージが違うんですね。「恵みの雨」という言葉もある一方で、災害を引き起こすような「困った雨」もある。これは雨に限りません。「週末を楽しくお過ごしください」と言っただけでも、「土日が休みとは限らない」と抗議を受けることがある。言葉というのは、受け取る人によって、イメージがまったく違う。そのことを学ばせてもらった出来事でした。

これは文章を書くときも気をつけなければいけないことですよね。

読んだ人は、自分の表現をどのように受け止めるのか。社内報であれば、会社の人が読んだときにどう受け取るかを考えて書く。新聞のコラムであれば、全国のさまざまな境遇の人が読むわけですから、それを想定して書く。

どんな反応があるかは想像するしかありませんが、少なくとも常に、「これは誰に向けて書いた文章なのか」を自覚しながら書く。それは、仕事で文章を書く人にも、趣味で文章を書く人にも、同じように必要なことだと思います。

向田邦子のうまさの秘密——巧みなブリッジのかけ方①

池上　魅力的な「構成」の作り方について、少し違う角度からお話ししましょうか。

私は、テレビや講演会で話すときにも、ほとんど原稿は作りません。きっちりしたスピーチをする場合には、原稿を作ったほうがよいとは思うのですが、原稿を作ってしまうと、どうしても「読んで」しまうことになる。すると、内容としては隙がないものができているのかもしれませんが、話としては勢いがつかなくなる。そこで、絶対に失敗できない重要なスピーチの場合は、「メモ」を作るようにしています。ただ、このメモに書くべきことを書いたら、スピーチ中には見ません。ほとんどの場合、会場に持っていくこともしない。頭の中を整理するためにメモをするだけなんですね。

では、そのメモに何を書いているのか。

そのスピーチで話すべき三項目を、簡単に書いておく。文章にはしません。箇条書きレベルですね。その話題が出てくる順に、箇条書きにしておく。ちなみに、この「三」というのは魔法の数字で、「三」を出すと聴衆が納得してくれるんですね。「大事なことは三つあります」というだけで、ウンウンと頷く人もいるくらいです。

私にとっては、これがまさに「話の構成」を作るときの基礎なんです。

自分の言いたいことを三つの項目に切り分ける。そして、どの順番で話すかを考える。もちろん、長時間の講演会や本の書き下ろしでは、もっと複雑な構成を考えますが、このやり方が基本になっているんです。

竹内さんは、コラムの構成を考えるときに、どのようなことに気をつけていますか。

竹内　一つは、「書き出し」を読んだだけでは「本来のテーマ」がわかりにくい構成にすること。その昔、旧日本海軍では軍艦を〝之字運動〟で走らせたそうですね。最終目的地が敵国に察知されないよう、「之」の字の形にジグザグで操船した。それと同じ発想です。

もう一つは、「書き出し」と「オチ」を多少なりとも関連づけること。例えば、落語の一節から書き始めたら、最後も落語絡みで締めくくりたい。夏目漱石の『吾輩は猫である』に面白い場面があります。主人公・苦沙弥《くしゃみ》先生の書いた文章が、ある雑誌で批評されたのですね。〈行雲流水《こううんりゅうすい》の如し。出ずるかと思えば忽《たちま》ち消え、逝《ゆ》いては長《とこし》えに帰るを忘る〉。苦沙弥先生の奥さんは夫の文章が褒められたと思って喜ぶのですが、じつはこの批評、罵詈雑言なんです。「文章が展開するかと思えば、しないで立ち消えになる。いったん本筋を離れたら、永遠に戻らない」と。私も、「おい、行雲流水か。書き出しの落語の話はどこに消えた?」と言われるのが嫌で、落語に関連したオチになるよう工夫しています。

書き出しのいい文章というと、向田邦子が思い浮かびますね。こうした文章術の本には、向田邦子は必ず出てきて、読者も「またか」と思われるかもしれないので、あまり触れないようにしてきたんだ、やっぱりエッセイの書き出しは名人芸です。それこそ「どこに話がいくのか」予想がつかない。いくつか例を挙げてみましょう。

人の名前や言葉を、間違って覚えてしまうことがある。

私は、画家のモジリアニを、どういうわけかモリジアニと覚えてしまった。

（講談社刊・向田邦子著『眠る盃』所収「眠る盃」より）

テレビのドラマを書くようになって、一番気が重いのは電話でスジの説明をすることであった。

「関係」「接吻」「情婦」「妊娠」

三十過ぎの売れ残りでも、親から見れば娘である。物堅い家の茶の間では絶対に発音しない言葉に、父はムッとして聞えない風をよそおい、母はドギマギして顔を赤らめている。

（講談社刊・向田邦子著『眠る盃』所収「Bの二号さん」より）

一度だけだが、「正式」に痴漢に襲われたことがある。二十三年前の夏であった。

（講談社刊・向田邦子著『眠る盃』所収「恩人」より）

エッセーの表題と書き出しがつながらない。この先の展開がまったく読めないでしょう。それだけじゃないんです。以前に池上さんが「新聞ななめ読み」で使われていた表現をお借りすると、向田邦子のエッセーは、「人気のお店の典型」だと思うんですよね。

一つ一つのセンテンスが短くてリズムがいいし、内容が頭にスッと入ってくる。つまり「入りやすい店構え」をしている。でも、その店構えを見ただけで、奥にどんな商品が並んでいるのか、どんな料理が出てくるのかがわかってしまえば、お客さんは「ああ、そういう店か」と店内に足を踏み入れないかもしれない。文章で言えば、もう読むのをやめてしまう。向田邦子のエッセーは違うんですね。どんな話に展開するのかわからないので、「ああ、この話ならいいや」とはならない。つい「奥はどうなっているのかな」と覗き込みたくなる造りになっているんです。

読者に展開を予想させないテクニック――巧みなブリッジのかけ方②

池上　向田邦子は本当にうまいですね。ただ、この二〇一六年九月一五日の編集手帳も、まさに、「どこに話が転がっていくかわからない」文章になっていたと思います。

放送局の人から昔話を聞いたことがある。中東に出張し、飲食店で白紙の領収書を手に入れた。金額を書き入れたが、いまひとつ出来栄えが気に入らない。〈機材借用料〉や〈要人接遇費〉といった但《ただ》し書きがあれば、体裁が整う。

空港に向かうタクシーが信号で止まったとき、目に留まった街頭のアラビア語を領収書に書き写した。のちにまさか、経理課員の手で翻訳されるとは思いもしなかった。〈ここで一時停止〉と書かれていたそうである。

天網恢々疎《てんもうかいかいそ》にして漏らさず、という。ドタバタ劇が昔話でなく現在も進行中とはあきれるほかない。富山市議会も困った話題で全国に名を売ったものである。

領収書の金額を改竄《かいざん》したり、白紙の領収書を悪用したり、政務活動費の不正受給が次から次へと明るみに出ている。自民党会派の議員3人がすでに辞職し、民進党系会派の議員2人も辞職願を出した。不正の総額は2000万円を超えそうだという。

ほかにも複数の議員が不正に手を染めていたことを認めている。誰も彼も落ち着いて仕事などできまい。欲に駆られて、市政が〈ここで一時停止〉とは情けない。

（読売新聞2016年9月15日「編集手帳」）

書き出しは、こうですね。

「放送局の人から昔話を聞いたことがある。中東に出張し、飲食店で白紙の領収書を手に入れた」

この文で、「ははあ、これは富山市の市議会議員が政治活動費を不正に受け取っていた話だな」とはわかる。でも、これが富山市議会の話だとわかった人でも、「いまひとつ出来栄えが気に入らない」から「但し書きで体裁が整う」と展開させられると、「ん？　どんな話になるのかな」とつい先を読まされてしまう。そして、「タクシーが止まったところで、アラビア語を領収書に書き写したら、ここで一時停止という意味だった」と笑わせておいて、最後に「市政がここで一時停止とは情けない」とオチをつける。「書き出し」で惹きつけておいて、「書き出し」と「オチ」を結びつけて終わる、まさに竹内流の文章構成になっています。

一方、同じ日の毎日新聞の「余録」も、テーマは富山市議会議員の領収書の話なのですが、こちらもうまく構成されている文章だと思いました。

「あなたはお金で幸福を買えると思うか。買えるなら何を買うか」。神様が尋ねると、フランス人が言った。「私はワインとチーズがあれば幸せです」。イタリア人は「私はサッカーとパスタがあれば幸せ、それ以上望みません」。

その次は日本人だった。「買えるのならもちろん買いますよ。あと、領収書をお願いします」――早坂隆《はやさかたかし》さんの「世界の日本人ジョーク集」（中公新書ラクレ）にある国民性ジョークである。「神様の領収書」が経理担当者や税務署に通用するのかどうかは知らない。

こちらは書かれた金額をちょょいと1桁増やしたり、白紙の金額欄にありもせぬ会合の経費を生じさせたりする「神の手」による領収書の話だ。富山市議会で政務活動費の不正取得が次々に発覚、自民会派や民進系会派の議員辞職が続いて市民をあきれさせている。

政務活動費の不正と聞いて誰もが思い出すのは、世を驚かせた2年前の兵庫県議の号泣《ごうきゅう》会見だろう。先だっては「制度の信頼を損ねた責任は重い」と指弾するその有罪判決を聞いたのに、またも偽造領収書による不正のニュースを聞かねばならぬのはどうしたことか。

今さら何だが政務活動費は政策立案を支援する公費である。それが各会派に前払いされていたから、領収書を作って使い切らないと損だという感覚がまかり通った。会派でプールしたお金を選挙資金にしていたケースもある。会派のチェック機能などまるでなかった。

今ではネットに領収書を公開し、市民に監視してもらう議会も増えているという。住民の代表たる矜持《きょうじ》と自律を少しは見せてほしい地方議会の「神の手」封じだ。

（毎日新聞2016年9月15日「余録」）

まずは小話から始まります。〈「あなたはお金で幸福を買えると思うか。買えるなら何を買うか」。神様が尋ねると、フランス人が言った。「私はワインとチーズがあれば幸せです」。イタリア人は「私はサッカーとパスタがあれば幸せ、それ以上望みません」その次は日本人だった。「買えるのならもちろん買いますよ。あと、領収書をお願いします」〉

これも、この時点で、「ああ、富山市議会の話か」ということはわかる。でも、そこから、〈「神様の領収書」が経理担当者や税務署に通用するのかどうかは知らない〉とつなげて、「神の手による領収書」という話に展開させます。そして、最後は〈今ではネットに領収書を公開し、市民に監視してもらう議会も増えているという。住民の代表たる矜持と自律を少しは見せてほしい地方議会の「神の手」封じだ〉と締める。「神の手」というオチが、書き出しとつながってくるわけですね。この文章は、竹内さんの意識している構成の仕方とよく似ていると思いました。

まずは、「読者を惹きつける書き出し」。次に、「読者に予想させない展開」。最後に、「書き出しと結びつけたオチ」。これは、一般の方も、参考になる構成方法だと思います。

文章に必要な「部品」は探しにいくもの――文章と文章をつなぐブリッジを見つける①

竹内　こんな風に文章製作の裏側をお話しし続けるとなると、どんどん身も蓋もない話ばかりになってきそうですが、いいんでしょうかね。

池上　プロの書き手が、ここまでタネ明かしをすることはめったにありませんから、少なくとも私はとても楽しんでいます。せっかくですから、もう一つ「編集手帳」を紹介しながら、その創作の裏側を教えていただきましょう。ぜひ、身も蓋もない話をお聞かせください。

思い出す五行歌がある。〈百メートル／九秒台／一歩／三十分／どちらが凄い〉（斉

藤淳一、市井社『五行歌秀歌集2』）

1歩を30分かけて歩く人が作者自身かどうかは分からない。身体の障害であれ、知的な障害であれ、健常者には何でもない作業一つにも神経を張りつめ、全身全霊をこめて取り組む姿が人々の胸を打つのは確かである。

以前、知的障害をもつお嬢さんが成人式を迎え、その感慨を語る父親の投書を本紙で読んだ。言葉は話せず、泣き声だけを発するという。「倍の四十年ほどの重さがある歳月を生きてきた娘は、親の私たちの誇りである」と。男よ、聴くがいい。誇りである、と。

「障害者なんて、いなくなればいいと思った」。逮捕された26歳はそう供述しているという。ふざけるな、ふざけるな…と、幾度も同じ言葉を胸につぶやきながら、この稿を書いている。

生まれてきた長男の両足に障害があると分かったとき、歌人の島田修二は詠んだ。〈誰よりも永生きをせん病める子に語らねばならぬこと多く持てば〉。奪われた命の一つひとつが、肉親の流す涙で磨かれた宝石であったろう。

（読売新聞2016年7月27日「編集手帳」）

これは、二〇一六年七月二六日に、神奈川県にある障害者福祉施設で起きた殺傷事件についての編集手帳です。事件が発覚した次の日の朝刊に掲載されていました。心に響く名コラムだと思いますが、どこから手をつけていったのか、教えていただけますか。

竹内　これだけの大惨事です。書かないわけにはいかない。テーマ選びに迷いはありませんでした。ただ、どこをポイントに持ってくるかが決まるまでには、少し時間がかかりました。どこに焦点を合わせるか。「加害者」か。「被害者」か。「障害者施設」か。

最初は「障害者施設」を考えましたが、そこで引っかかった。NHKの朝のニュースを見た時点では、身体障害者の施設なのか、知的障害者の施設なのかが報道されていなかった。「どちらなのかを見極めないと書けないな」という印象を持ちました。この時点では、まだ書き始めていないので、あくまで印象です。これが、最初の一歩ですね。

それから、次に犯人の「動機」が何かを知りたいと思いました。「動機」がわかれば、加害者を中心にコラムを書けるかもしれない。こうしたコラムで、加害者の動機がわからない場合によく使われるのが「心の闇」という言葉ですが、これは私が「使ってはいけない言葉のリスト」の一番上に置いている言葉なんです。あまりに安直と言いますか、プロとしては使うのが恥ずかしい言葉だと思っているんですね。だから、今回も「心の闇」は使えない。そうなると、動機がわからないかぎり、加害者に焦点を合わせるのは難しい。

池上 ただ、実際の原稿では、障害者施設でも、加害者でもなく、「被害者」に焦点を当てた文章になりましたね。

竹内 そうなんです。締め切り時間の問題もあって、施設の詳しい情報についても、動機についても、よくわからないとなれば、被害者に焦点を合わせるしかない。

池上 なるほど。締め切りの時間を考えると、消去法で「被害者」をポイントに置くしかなかったということですね。冒頭に斉藤さんの五行歌を持ってこようと考えたのは、どの時点ですか。

竹内 被害者の側に光を当てて書くとすると、「障害があってもなくても、一つ一つの大切な命じゃないか」というのが、論旨の基本線になると考えました。五行歌は「いつか使おう」と引き出しにしまっておいたものです。「オリンピックで優勝するような選手も、自分なりに努力をして一歩一歩を歩んでいる人も同じく尊いじゃないか」という歌は論旨とぴったりつながる。被害者に光を当てると決めた時点で、すぐにこの五行歌が浮かびましたね。もちろん、〈百メートル／九秒台／一歩／三十分／どちらが凄い〉という歌が、そもそも私の考えるような意図で書かれたものなのかどうかはわかりません。ただ、文学作品や詩歌というのは、作者のものである一方で、読者のものでもあるんですね。五行歌の作者にとっては不本意な引用になるかもしれないけれど、そこは読者たる私の感覚に従って使わせていただきました。

これという工夫もなく書き終えたコラムですが、一つだけ神経を使った箇所があります。ただでさえ字数の窮屈なところへ、「身体の障害であれ、知的な障害であれ」の一文を無理に押し込んだことです。

これは、身体障害を持った人のリハビリの場面を描いた歌だとは思うんですが、歌自体には何の説明もない。今回の事件では知的障害を持った方が犠牲になったわけですが、「身体の障害であれ、知的な障害であれ」の一節が無いと、歌の作者・斉藤さんのご家族か近しい誰かが知的障害を持っているように思われてしまう。それはまずいという、配慮と言えば聞こえはいいですが、私なりの「保険」をかけたわけですね。一五年も新聞のコラムを書いていると、「これはまずいかな」という保険の感覚だけは、少なくとも磨かれていくんです。

池上　よくわかります。「保険」をかける感覚は、何かを発信したいと考えている人にとってはとても大事ですよね。テレビでも、同じ内容のことを言ったとしても、言い方を一つ間違えるだけで、大炎上したりする。それは文章の場合でも同じですね。

そしてそこから「知的障害をもつお嬢さんが成人式を迎え、その感慨を語る父親の投書を本紙で読んだ。言葉は話せず、泣き声だけを発するという。『倍の四十年ほどの重さがある歳月を生きてきた娘は、親の私たちの誇りである』という投書欄の引用につなぎます。ここのつなぎがすごいと思ったんです。よくこんなにぴったりの「部品」をはめ込めるなあと。竹内さんは、想像を絶する量の「引き出し」を持たれているんだろうなと、あらためて感嘆したんですね。この投書を覚えていらしたんですか。

竹内　過去の記事から調べました。思わず、ほろりとさせられるのが見つかった。一六、七年前の投書でしたが、「これは拝借しよう」と。

この原稿は、書き出しとして五行歌を使い、最後は短歌で締めているので、中盤には詩歌ではなく生々しい声の投書を持ってきたい、という気持ちがありました。

池上　最後は島田修二の短歌で締めるというのは、最初から決めていたんですか。

竹内　そうですね。書き出しが見えた時点で決めていました。障害を持ったお子さんがいる親御さんは、みんな「自分が死んでしまったあと、この子はどうなるんだろう。できるだけ長生きしなくては」という気持ちをお持ちだろうと思うんです。つまり、この短歌に盛られた内容には普遍性があるだろう、と。

書き出しの部分と締めの部分が決まったので、あとは真ん中をどうするかとなり、うまい具合に投書が探し出せたので、無事に書ききれたという具合です。語れば語るほど、身も蓋もありませんけれども。

池上　ポイントは、原稿に必要な部品は自然と目の前に現れるのではなくて、自分から「探しにいく」というところだと思いますね。そうか、文章というのは、こうして作っていくものなんですね。とても参考になりました。

時には強引に「つなぐ」――文章と文章をつなぐブリッジを見つける②

池上　この神奈川県の病院で起きた「点滴に異物が混入していて患者が亡くなってしまった」事件をテーマにした「編集手帳」も、話の展開がとても魅力的だと思うんです。このコラムは、どの辺りに気をつけて執筆されたんですか。

――

永井荷風は夜中に目覚めた。よほど前から雨が降っていたとみえて、〈点滴の響《ひびき》のみか、夜風が屋根の上にと梢から払ひ落すまばらな雫《しずく》の音をも耳にした〉。随筆『花より雨に』に書いている。

点滴はもともと雨だれを意味し、「点滴、岩を穿《うが》つ」という慣用句もある。1年ほど前、脳の血栓を溶かす点滴注射を受けた病院のベッドで「点滴、血栓を穿つ」と胸につぶやきつつ、薬効に深く感謝した覚えがある。

わが脳梗塞に限るまい。病根の岩盤にひと滴、ひと滴、治癒に通じるトンネルを穿ってほしい。どんな病気であれ、入院したことのある人は祈るような気持ちで点滴を受けた経験をお持ちだろう。

犯人像も動機もまだ不明ながら、薬剤を凶器にした殺人事件が病院内で起きるとは、にわかに信じがたい。横浜市神奈川区の「大口病院」で、何者かが点滴に消毒液らしき異物を混入したとみられる事件である。男性の入院患者（88）が中毒死した。〈あゝ朝だ生きてゐる耀《かがや》きの中にゐる点滴の粒が光つて落ちる〉（石井登喜夫、歌集『東窓集』）。いのちの恵みである滴りを、毒の滴りに変えた者がいる。

誰だ。

（読売新聞2016年9月27日「編集手帳」）

竹内　まず、書き出しですが、たまたま「点滴」という言葉は、元々「雨だれ」の意味だったということと、永井荷風が随筆の中で、その使い方をしているというのは知っていました。それに、さきほどお話しした「身近な話」から始めるということで、一年前に私自身が脳梗塞で入院したときの体験を織りまぜたわけです。

けれども、この原稿で本当に書かなくてはいけないのは、点滴注射です。「雨だれ」と「点滴注射」は、当然まったくの別物ですね。ですから、次に、この「雨だれ」と「点滴注射」の間にどうやって橋をかけようか、ということを考えました。

とりあえず「点滴」を辞書で調べてみた。すると「点滴岩を穿つ」という言葉を見つけた。「雨だれ石を穿つ」という言い方もあるけれど、「点滴岩を穿つ」という言い方もあることを知りました。

そして、この「一滴には何の力もないけれど、時間が経てば、岩に穴をあけることもできる」ということわざを使って、多少無理やりだとしてもブリッジをかけられないか頭をひねったんです。病気を岩にたとえれば、「点滴によって病気に穴をあける。その穴のあいた先には健康な身体がある」という話になるな、と思いついた。「雨だれ」と「点滴注射」がつながって、道が開けたというわけです。

池上さんは、とにかく書き出しを決めて、書きながら結論が浮かんでくるのを待つ書き方をされているとおっしゃっていましたが、私の場合は、どちらかというと、とにかく「書き出し」と「締めくくり」を最初に決めてしまって、その間をどうつなごうかと、ががちゃがちゃいじくり回しているとなんとなく原稿ができてしまうことが多いですね。

池上式、文章構成力向上法――かっこいいブリッジのかけ方①

池上　お話を聞けば聞くほど、「ブリッジをかける」のは、かなりの技量が必要なようですね。うまくいけば、「え、この話がここに落ち着くんだ、なるほど！」と楽しめますが、ヘタな人がやると、それこそ目も当てられなくなる。「なんでわざわざこんな話を書いたんだろう。全然つながってないじゃないか。普通に書けばいいのに」となる。もし、普通の人が「かっこいいブリッジをかけたい」と思ったら、どんな練習をすればいいのか。

実は一つ、おすすめの練習方法があるんです。これは私が、「新聞を使って、文章が上手になるよい方法はありますか」と聞かれたときに、紹介していた練習法でもあります。

まず、自分の家で取っている新聞のコラムの冒頭を読んでみてほしいんです。いろいろな新聞があるけれども、まずは自分の家ですでに購読している新聞でいいので、とにかく冒頭を読む。冒頭を読んだときに、「あ、これはあの事件についての話で、結論はこうだな」と先の展開を予想してみるんです。

冒頭だけを読んで先の展開を予想したあとは、コラムを最後まで読んでみる。もし、本当に先の展開を読み切ることができていたら、あなたの勝ちです。一方で、もし冒頭を読んだのに、「え、これは何の件について書いたコラムなんだろう」とわからなかった。さらに、最後まで読んでみると、「なるほど、こういう展開か！」と驚かされてしまったら、あなたの負けです。

もちろん勝ち負けに深い意味はありません。別に負け続けたっていいわけですね。自分の文章技術を上げるためにやっているのですから、そこで技を吸収すればいい。そういうゲームを毎日こなすだけでも、文章構成能力は格段に向上すると思います。実は私自身、今でも毎日、各紙のコラムを読みながら、「これは勝った、これは負けた」と、このゲームをやっているんですよね。

竹内　書く側からの率直な感想を言わせていただくと、本当に嫌な読み方ですねえ（笑）。でも、冒頭部分が、どうやって「編集手帳商店」に入ってもらうか、一つの勝負どころであるのは間違いありません。書き手としては、もっとも苦しむ部分であり、腕の見せどころでもあるので、そこまで熱心に読んでもらえるのは、ちょっとうれしい。ちょっと、ですけど。

ちなみに、私は、書き出し部分を書くのに、「やりがい」も感じているので、形式化された「書き出し」が嫌いなんです。例えば、拝啓から始まって、敬具で終わるような、手紙形式の書き方がありますね。「拝啓」で始めてしまうと、最初の入りを考える楽しみがなくなるし、「敬具」で終わると「締めの一言」を考える楽しみもなくなってしまう。がっちり形式を決めてしまうのは、性に合いません。

「部品」を集める感覚で、知識をストックする――かっこいいブリッジのかけ方②

池上 さきほど、文章の構成を考えるときに、「コレクションから引っ張り出す」という話がありました。竹内さんは、題材の収集はどのようになさっていますか。エピソードごとに集めるのか、それとも一文ごとに、名文を集めるのでしょうか。

竹内 私の場合は、「名文を収集」しているという感じではないですね。「使える部品を探している」感じでしょうか。

例えば、どこかの本に書いてあったエピソードを読んで、「これは面白い、今度使おう」と思っても、原稿に書くときに、そのまま引用できることはほとんどありません。新聞コラムは字数制限が厳しいので、名文を集めてもそのままは引用できないんです。詩であれば、そのまま引用できるかもしれませんが、散文となると、結局は私のほうでリライトして、要約版を紹介することになる。そうすると、元々の文が名文だろうが悪文だろうが、あまり影響しないことになるんですね。ですから内容本位、「ああ、この話は、こういうテーマで原稿を書かなくてはいけないときに使えるな」といった感じで、とにかく「話の部品」を集めていくようにしています。

「じいさん、ばあさん」の聞き間違いのエピソードも、領収書についての珍談も、それが「名文だから」ではなくて、「話の部品になりそうだから」集めているんです。

池上　なるほど、「名文」を集めているわけではなくて、文章の質については、自分で仕上げていく。ただ、その「名文の元になる話の部品」を集めておかなければならないということですね。私自身はそもそも名文を書こうとも思っていませんが、「元になる話を集める」というのは、よくわかります。私も、大学の授業やテレビで使う話を仕入れるときは、まさに「部品を集める」感覚です。

例えば、アルフォンス・ドーデの『最後の授業』という作品がありますね。これは、私にとって、とても「よい部品」になってくれているんです。「いよいよドイツに占領されることになって、アルザス・ロレーヌ地方の学校でフランス語の授業は行われなくなります。そして、物語の最後に先生が『フランス万歳』と黒板に書いて教室を出て行く」という話なんですが、小学生の頃に読んだときは、単純に「自分の国の言葉が失われるなんて、とても悲しいことだ」と思っていたんです。ただ、大人になって、歴史の勉強をしてからあらためて読んでみると、印象が変わったんです。というのも、実はドーデが作品の舞台にしたアルザス・ロレーヌ地方というのは、もともとドイツ語圏だったんですね。それをフランスが占領して、フランス語の授業を押し付けていたわけです。だから、「フランス語の授業はこれで最後だ」ということを悲しい話とするのは、あくまでフランス側の視点に過ぎないということなんです。これを知ったときには、あの小学校時代の感動はなんだったのかと愕然としました。

こういう話は、歴史の解説をするときの「部品」になるんです。

例えば、EUにつながる欧州統合の最初のかたちは、欧州石炭鉄鋼共同体です。そしてこれは、アルザス・ロレーヌ地方でフランスとドイツが二度と戦争をすることがないように、共同の組織を作ったことがきっかけでできたものなんです。大学の授業などで、こうした歴史の話をするときに、『最後の授業』って知ってるでしょう?」と前置きを作ってあげると、聞いてくれる人が少しは増えるんです。

竹内 部品のコレクションは、「いつか使ってやろう」と思っていても、なかなか使うチャンスがないものですよね。もしかしたら、死ぬまで一度も使わないかもしれない。ただ、その準備をしているのとしていないのとでは、文章を書く楽しさが違ってくる。

私が集めた部品の中に、コヨーテの話があるんです。動物のコヨーテですね。小説や詩の中に出てきたコヨーテに関する面白いエピソードが三つほど溜まりました。たぶん、日の目を見ることはないでしょう。部品の収集というのは、そういうものなんです。使う日がいつ来るかはわからない。

ある推理小説を読んでいたら、NSA(National Security Agency)というアメリカの諜報機関が出てきました。小説の中に設定された架空の組織だと私は思っていたのですが、とりあえず、登場人物の言葉を部品コレクションのファイルに入れておいた。それから一〇年経ったとき、NSAの通信傍受がスキャンダルとして話題になり、初めて実在する組織だと知りました。小説を紹介しつつコラムを書くのは楽しかったですね。一生使うこともないだろうと思っていた部品が、ついに活躍してくれたか、と。

池上 NSAはアメリカ国内でも長い間存在が秘匿されていて、No Such Agency（そんな組織は存在しない）の頭文字だとジョークで言われていたことがあるんです。

知識があるだけでは面白い文章は書けませんが、面白い文章を書くのに知識は間違いなく役に立つんですよね。

例えば、アメリカ大統領選挙は、必ず四年に一度、一一月の第一月曜日の翌日に行われるんです。不思議ですよね、なぜ「月曜日の翌日」などという言い方をするのか。調べてみると、いろいろと興味深いことがわかってくる。まず、なぜ一一月の上旬なのか。それは、アメリカが農業大国だからです。秋の収穫までは、忙しくて選挙どころではない。ただ、遅くなると冬支度が始まってしまう。だから、その間の「一一月の上旬」になったんです。それから、アメリカはキリスト教の国なので、日曜日は安息日です。選挙なんてとんでもない。それで、日曜日は外すことになった。でも、それなら「月曜日」に選挙をすればいいと考えるのが普通ですよね。それなのに、「月曜日の翌日」と決まっているのにも、理由があるんです。それは、アメリカが建国された当時は、投票所の数も少なく、交通インフラもまだ発達していなかったからです。投票所にたどり着くためには、馬車で二日がかりで移動しなければいけないという人が、国中にたくさんいた。そういう人のために、火曜日になったんですね。この話はまだ終わりません。それなら、「一一月の第一火曜日」とすればいいだろうと思いますよね。でも、「一一月の第一火曜日」とすると、「一一月一日」になる可能性がある。この日は、キリスト教徒にとって、「諸聖人の日」という大事な日なんです。こんな日に投票などできません。一一月上旬で、火曜日、かといって一一月一日にならない。この条件を満たすのが、「一一月の第一月曜日の翌日」ということになるんです。

この話は、大統領選挙の解説をするときでも、キリスト教の解説をするときでも、アメリカという国の解説をするときでも、「部品」として、とても役立ってくれるんです。

今は、「文章術」についての本でも「部品」として活躍してくれました（笑）。エピソードというのは、本当に予想できないところで使えることがあるんですよね。

職業病も悪くない――かっこいいブリッジのかけ方③

竹内　こうした「部品」集めのために、本を読んでいると、純粋に本を楽しめなくなってしまうのが、ちょっと残念なところですね。

もう私などは、いわゆる「本好き」「読書好き」の人間とは言えないだろうなと自覚しています。どんな本を手に取っても、内容を読むこと自体を楽しむのではなくて、どうしても自分で書くための資料として読んでしまいますからね。文章を読んでいても、「ここは面白いなあ」ではなくて、「ここは使えるなあ」と思ってしまう。人生をつまらなくしているような感じもしないではありません。まあ、好きでやっているわけですけど。

池上　完全に職業病ですよね。私もかなりの重症患者です。エンターテイメント小説を読んだり、映画を観たりして、ちょっと息を抜こうかと思っても、そうは問屋が卸さない。

例えば、ニューヨークを舞台に、警官が犯人を追いかけるエンターテイメント映画の『ダイハード3』を観ていても、ふと気がつくと話のネタを拾っているんですね。この映画では、たまたま通りかかった黒人が巻き込まれて、一生懸命に刑事を助けるわけですが、犯人はその黒人に対して、「Good Samaritan」と言います。直訳すれば、「善きサマリア人だな」になりますが、字幕には「お節介だな」と出る。「善きサマリア人」というのは聖書の中に出てくるエピソードから来ています。もし、そのまま訳しても日本人は意味がわかりませんよね。だから、字幕を作る人は「お節介だな」と訳す。この訳し方に対して

「なるほど」と思うと同時に、「ああ、アメリカ人は聖書を読んでいるから、善きサマリア人だな」というだけで意味が理解できるんだ、ということがわかるわけです。アメリカがキリスト教国家であることが、こんなところからも窺い知れる。

あるいは、『ジュラシック・パーク』を観ていても同じですね。主人公たちが、凶暴な恐竜に追われて、ひたすら逃げて、ようやく安全な場所を見つけて逃げ込むシーンがあるのですが、そこでこんなセリフのやり取りがあるんです。「あんなところに入れるのか」「そりゃもちろんさ。Four Seasonsじゃないけどね」と。当時、日本人の多くは、「Four Seasonsじゃないけどね」と言われてもなんのことかわからなかった。けれど、アメリカでは、富裕層に限らず庶民まで、Four Seasonsが五つ星の高級ホテルということは知っている。だから、「Four Seasonsじゃないけどね」というセリフが成立するんですね。字幕は「高級ホテルじゃないけどね」でした。映画を観ていても、「へえ、そうなんだ」ということばかりなんです。

ただ、この職業病も「ちょっと寂しく」も感じることがありますが、年季が入ってくると、それはそれで悪くないものだとも思うんですよね。竹内さんの「好きでやっていることだから」というのは、同じような感覚だと思います。どこを見ても「なるほど！」と思うというのは、本や映画の一つの楽しみ方でもあるので、読者のみなさんはあまり身構えなくてもいいのかなとも思いますね。

思考に「奥行き」をもたせるトレーニング方法――かっこいいブリッジのかけ方④

池上　一般の方が文章を書くにあたって、おすすめのトレーニング方法があるようでしたら、教えていただけますか。

竹内　そうですね、これは切り口を見つけるトレーニング法ということになるかもしれませんが、「すごく悪いことをした犯人の弁護士になったら、自分はどうするか」という思考実験をすることがあります。

やってみるとわかるのですが、中途半端な悪人ではなくて、狂信者集団の〝尊師〟のようなとんでもない人物のほうが、ためになる。むずかしい弁護ほど、やりがいがあるでしょう。情状酌量の余地など無いところを、「いや、彼にもこういう事情があったんじゃないか」とあれこれ想像してみるわけです。これを続けていると、だんだん物事の捉え方に奥行きが出てくるようになる。

実際に事件の取材をして、真実を探るということではありません。頭の中だけでする思考ゲームです。

池上　「悪魔の弁護人（Devil's advocate）」という古典的なディベートの練習方法がありま す。竹内さんおすすめの文章トレーニング法は、それと思想の部分でも、やり方の部分でも、似ているところが多くて驚きました。わざと悪い人の立場に立って、弁護してみる。絶対に正しいと考えられていることについて、あえて異議を唱えてみる。そうして、世の中の常識を捉え直すことによって、物事を多角的に捉えることができるようになるというわけですね。確かに、これは文章の構成を考えるのにも役立ちそうですね。

こうして「あえて逆をする」あるいは「あえて逆を書く」というのは、一つのトレーニングのやり方にとどまらず、文章の表現方法そのものとしても、かなり有効ですよね。例えば、私は今野敏さんの「隠蔽捜査シリーズ」の文庫解説を書かせてもらったんですが、その解説文では「あえて逆を書く」という手法を使っています。

竜崎伸也《りゅうざきしんや》。こんな人物が身近にいると、やりにくくて仕方がないのではないか。合理主義一点張りで正論を説き、上司との衝突も厭《いと》わない。

（新潮社刊・今野敏著『宰領――隠蔽捜査5』の文庫版解説より　筆・池上彰）

この隠蔽捜査シリーズは、警察庁のキャリア官僚だけれども、融通が利かなくて、「国家のために、国民のために尽くさなければならない」と心の底から信じきっている四角四面なキャラクターが登場します。志は素晴らしいのですが、あまりにも融通が利かないために、さまざまなところで衝突を起こしてしまう。でも、決してやり方を変えない。結果的に、その徹底的に融通の利かないやり方を貫いたことが事件解決につながっていく、という作品なんです。

このシリーズには熱心なファンが大勢います。私もそのファンの一人なのですが、そういう作品の解説を書くときに、正面から褒めるのも芸がない。そこで、「あえて悪く書く」という方法を使ってみたんです。

この正論ばかり吐いて、融通の利かない主人公は、身近にいるとうざったい。こんな人とは付き合いたくない、といったことを、いきなり冒頭に書いていく。その上で、警察内部の役職や昇任システムについてひとしきり説明しながら、竜崎というキャラクターの魅力がにじみ出るように落とし込んでいったつもりなんです。これは、いろいろな場面で応用が利くと思いますね。

最後をちょっと緩める——結論と読者をつなぐブリッジのかけ方

竹内　この文庫解説の最後を池上さんは、こんな風に締めていますね。竜崎の家族との付き合い方について触れたあとに、いきなり作者の今野敏さんの話に急展開させています。

> 今野敏氏は、二〇一五年一二月二五日の毎日新聞夕刊によれば、還暦になったこの年、酒とたばこをやめ、体調がすこぶる良いそうです。さらに記者の質問にこう答えています。
>
> 「書けるだけ書きたいね。まだまだ至らない。もっともっと小説がうまくなりたいんだ、俺」と。愛読者としては、今後も期待が持てるではありませんか。
>
> （新潮社刊・今野敏著『宰領——隠蔽捜査5』の文庫版解説より　筆・池上彰）

この最後のところで、フッと緩めているところが、いいなあと思いました。おしぼりをぎゅっと絞ると、ちょっと戻りますよね。この「戻し」の部分が読後感を心地よいものにしています。

「おしぼり式」は短編小説の手法ですが、コラムやエッセーでも有効です。メインストーリーを書き終えたところで、ほんのすこしだけ蛇足を入れる。それが余韻を生んで、これまで書いてきた話が読者の心にいっそう沁みるようになる。

解説文でも、最後の最後まで解説の文で埋めてしまうと、どうしても説教くさくなる。お勉強をさせられている気になってしまう。最後にほんの数行でも緩めてくれると、楽しいエッセーを読んだという気になる。

この「最後ひとコマの緩み」は私も心がけています。

池上　社説のように読者に緊張感を持って読んでもらいたいという文章は、最後まで絞ったままでいいのでしょう。でも、コラムはそうはいかないんですよね。

例えば、政権批判や社会批評のくだりがあったりすると、書き手としては、そんな気がなくても、読者からするとちょっと上から目線に感じてしまったりする。そこで、最後の最後で、ちょっと角度を変えた話にするだけで、文章全体の印象がパッと変わるんです。話の本筋の「オチ」ではなくて、本当に最後の数行、最後の数文に何を持ってくるか。ここを考えるのも、文章を書く醍醐味なんですよね。

第二章

本当に伝わる「表現」とは

わかっていることを、わかっている言葉で書く

竹内　池上さんは、テレビで話すときや文章を書くときに、「アイデンティティ」という言葉を使いますか。

池上　使わないようにしていますね。

竹内　一緒ですね。なぜかと言えば、アイデンティティという言葉が、どうも自分の中で腑に落ちていないからなんです。「自己同一性」と言われても、ピンとこない。自分の中でよくわかっていない言葉を使うというのは、やっぱり気持ちの良いものではありません。

池上　「自分が腹の底から意味のわかる言葉以外は使わない」という方針には、賛成です。これは、「言い換えればいい」ということでもないんですよね。カタカナ語を日本語に書き換えればいいということでもない。例えば、「アイデンティティ」を「自己同一性」とか「自分が自分であることを確認できるもの」とか言い換えたところで、それで腑に落ちていなければ、意味がないんですよね。

竹内　「伝わらない」というのが、一番まずい。「わかりにくい」であれば、まだ「そのわかりにくさがいいんだ」という文章もあるのかもしれませんけれども、「伝わらない」の

は救われようがない。「伝わらない」文章というのはだいたいにおいて、自分でもよくわかっていないことを、自分でもよくわかっていない言葉で書こうとするときにできてしまうものだと思うんですよ。だから、わかっていないことについては書きたくないし、よくわからない言葉は使いたくないんです。

池上 よくわかります。私の場合は、どちらかというと「解説文」が主戦場ですから、ニュアンスを大事にするコラム書きの竹内さんよりも、もっと単純に、「わかりにくい文章を書いている人は、その物事についてよくわかっていない」と考えています。自分でも内容を十分に理解できていないから、文章が整理できない。結果として、読者にとってもわかりにくい文章になっているんだと思うんですね。

資料として経済の専門書を読んだりすると、もうどこからツッコめばいいのかわからないくらいに文章が崩壊している本に当たることがあります。もちろん、こういう種類の本に「名文」は必要ありません。でも、「読んでも意味がわからない文」ではいけない。「読んでも意味がわからない」のは、書いてある単語を知らなかったり、読解力がなかったりして、読者が悪いということよりも、そもそも文章が整理されていないからなんです。だから、こういう本を書いてしまうのは、その専門家が自分の研究分野について、実はまだしっかりと理解ができていないんだろうなと、私は考えています。ただ、そこにこそ、私の「解説する」という仕事が入る余地が出てくるとも言えるんですね。

これは、専門書に限らず、新聞の記事でも同じことが起きていると思います。以前、朝日新聞社に呼ばれて、「朝日新聞の記事がいかにわかりにくいか」という話を記者たちの前でしてくれと頼まれて話をしましたが、朝刊一面の頭から「これは一般の人にはわからないよな」という表現ばかりなんです。これでは、読者が減るわけだと思いましたね。ただ、それでこそ、私の仕事は成り立っていると。

竹内 耳が痛いお話です。記者たちがもっと奮起してわかりやすい記事を書き、池上さんには仕事がなくなって生活に困るようになってもらわないといけない（笑）。

池上 さらに言えば、これは、専門家や新聞記者に限らず、一般の方の文章にも言えます。文章というのは、自分が本当にわかっていることを、自分の言葉で書くのが基本です。背伸びをしないで、ありのままで書くのが、「読者を惹きつける文章」への近道なのかもしれません。

ベタに書くことを恐れない

池上　書き出しにしても、比喩にしても、構成にしても、もちろんプロの技というものはあります。さらに、プロの人の中にもうまい下手はあるし、うまい人が書いたものの中にも、出来の良かったものと悪かったものがある。上を見ればキリがないわけですよね。

一般の方は、とにかく「理想」を目指して、「理想的な文章」以外はダメだと切り捨ててしまいがちだと思うんです。でも、そんなことをして、自分にダメ出しばかりしていたら、一文も書けなくなってしまう。「恥ずかしい文章を書きたくない」と向上心を持つことは大いにけっこうなことだと思います。いつも「いやあ、我ながらすごい文章が書けた」と満足ばかりしていたら、それは進歩しません。とはいえ古典になるような名文と比べて、「自分の文章はダメだ」とくよくよ悩んでいるのは意味がありません。

そういう意味で、「ベタに書くことを恐れない」、つまり「工夫せずにそのまま書くことを恐れない」というのも、文章を書くにあたって、すごく大事な感覚だと思うんです。

そもそも、「そのまま書けた」ということは、少なくとも読者に「伝わる」文章が書けたということですから、恥ずかしがるようなことではまったくないと思います。とにかく「人と違う書き方をしなければいけない」「他の人が思いつかないような書き方をしなければいけない」というのは、あくまでプロの問題意識であって、素人は気にしなくてもいい。

竹内　私もそう思います。「手垢のついた表現」と「ベタな表現」は違いますね。「ベタな表現」には、少なくとも読み手と共通の土壌がある。たぶん、こう書いてくるだろうな、という読み手の予想が書き手の構想と合致している。もちろん、書き手の自慢にはならないけれど、読み手との交感があることは認めていい。

甲子園球児が宿舎で夕食のトンカツを〈ペロリとたいらげた〉式の「手垢のついた表現」には、読み手との交感がない。そう書いておけばラクだから、という思考停止の産物でしょう。

私もベタな表現を編集手帳で時どき使います。沢村栄治とバッテリーを組んでいたキャッチャーの人が天寿をまっとうして亡くなった。そのときに、「そりゃ天国でキャッチボールをするでしょうよ。出すサインは沢村自慢の直球でしょうよ」みたいなことを書いたことがある。今から振り返ると、もう少し書きようがあったなと反省しますが、この反省というか、羞恥の念も大事なのでしょう。ベタを経験した人だけがベタから脱却できる。成長の一過程として、ベタはベタで立派な表現の一つなんですね。

池上　例えば、おしどり夫婦で知られた俳優と女優の夫婦がいて、片方が先に亡くなって、そのまた何年か後に、残されたほうも亡くなったというような場合、「あの二人は天国で再会しているだろう」と書くのが良いか悪いかということですよね。確かにプロは避けたいと思うでしょうけれども、素人であれば問題ないですね。

もし、どうしてもひねりたいということであれば、例えば、夫のほうが先に亡くなったとしますね。夫が四〇で亡くなって、奥さんが七〇か八〇で亡くなったとする。そうすると四〇で亡くなった人は天国でも四〇。そこに八〇のおばあちゃんになった妻がいったとして、「はたして天国でもおしどり夫婦のままでいられるのだろうか」なんて書くのはどうでしょう。

竹内　それは書きたくなるけれど、いや、むずかしい。その切り口には、微量ながらも「笑い」の要素がつきまとう。人の死というのは、どう書いてもユーモアになりませんね。

池上　確かに書けませんね。いや、でもそこは、「真実の愛があれば、年齢は関係ない」という話にすればどうでしょうか。

例えば、その夫婦が雑誌のインタビューやエッセーの中で、「顔かたちじゃなくて、その人の人間に惚れたんです」みたいなことを言っていたりしたら、それを最後に引用する。そして、「年齢は確かに離れているかもしれない。でも、人間として惹かれあった二人の再会は、そんなことは何の障害にもならないだろう」といった感じで締める。

こういうひねくれたことを考えるのが、人に喜んでもらう文章を考えるということなんですよね。「世間のみなさんに文章の書き方を知っていただこう」という本の中で言うのもおかしな話ですが、人様にはとてもおすすめできませんね（笑）。

感情は抑える

池上 ここからは、より具体的な形で、プロの書き手が使っている「表現テクニック」についで紹介しましょう。

まずは先ほども話題にした、相模原障害者施設殺傷事件について書かれた編集手帳の一部をもう一度、挙げさせてください。

以前、知的障害をもつお嬢さんが成人式を迎え、その感慨を語る父親の投書を本紙で読んだ。言葉は話せず、泣き声だけを発するという。「倍の四十年ほどの重さがある歳月を生きてきた娘は、親の私たちの誇りである」と。男よ、聴くがいい。誇りである、と。

「障害者なんて、いなくなればいいと思った」。逮捕された26歳はそう供述しているという。ふざけるな、ふざけるな…と、幾度も同じ言葉を胸につぶやきながら、この稿を書いている。

生まれてきた長男の両足に障害があると分かったとき、歌人の島田修二は詠んだ。〈誰よりも永生きをせん病める子に語らねばならぬこと多く持てば〉。奪われた命の一つひとつが、肉親の流す涙で磨かれた宝石であったろう。

（読売新聞2016年7月27日「編集手帳」）

このコラムは、感情の入れ具合についても、淡白にならず、暑苦しくもならず、抑制が利いています。この「どうすれば自分の文章にうまく感情を盛り込めるか」というのは、多くの書き手にとって知りたいことだと思うのですが、竹内さんは、この原稿を書くにあたって、どういったことに気を配っていましたか。

竹内　この事件をニュースで知り、読者の感情はおそらく爆発している。そこに追い討ちをかけて筆者の感情を露骨に示すのはよくないと思ったものですから、感情を表に出す表現は一カ所だけに止めようと考えていました。

それで「ふざけるな、ふざけるな…」という一文を入れました。これがないと、あまりにも平坦な原稿になってしまいますし、これくらいの感情表現であれば、出過ぎることなく読者の気持ちに寄り添う形になるかな、と。例えば、「腹が煮えくりかえっている」といった言葉で、これ以上激しい感情を書き込んでも、読者には響かずに、逆にシラけさえしてしまう。なんと言いますか、筋肉ではなくて、贅肉がついてしまうと考えたんです。

そして、その感情の向く先をはっきりさせるために、「男よ」という呼びかけを入れました。このコラムに関しては、この「ふざけるな、ふざけるな」と「男よ」を入れることで、少なくとも感情表現については過不足なく書けたのではないかと思っています。実際のところ、読者がどう感じたのかはわかりませんけれども。

池上　「容疑者よ」でも「犯人よ」でもなく、「男よ」と呼びかけているのが印象的です。「男」という言葉を選んだのは、どうしてでしょうか。

竹内　実は、途中まで「犯人よ」で書き進めていたんです。「容疑者よ」はちょっと感じが違うと思ったので、あまり検討はしていません。「犯人よ」と「男よ」のどちらにしようか迷っていました。何度か声に出して読み比べ、最後は「耳」が気に入ったほうを選びました。

池上　「犯人よ」としておけば、少なくとも「犯行に及んだ男」に呼びかけているとわかりますよね。いきなり「男よ」だと、犯人に呼びかけているということが読者に伝わらないのではないかという不安はありませんでしたか。

竹内　こういう突拍子もない大事件の場合は、けっこう省略の利くところがあるんです。テレビやネットで、読者はある程度の情報を得ている。つまり、共通の知識基盤ができているので、省略することができるんですね。この場合であれば、呼び捨てにするような感じで呼びかければ、まあ間違いなく犯人に対しての言葉だと読者にわかってもらえると考えました。でも、「犯人よ」のほうがよかったのかなあ。

池上　いやいや、「男よ」でよかったと思います。まず、「犯人よ」は、今は一応メディアの世界では「犯人」と決めつけてはいけないこととなっているので、言葉としてもちょっと使いにくいですよね。かといって「容疑者よ」だと間延びしてしまう。ですから、「男よ」でよかったとは思います。ただ、私が最初に読んだときには、「世の中の男たちよ」と、健常な子どもを持っている男親に対して呼びかけているようにも読めてしまったものですから、せっかくの機会ということで、質問させていただきました。

それから、最後は「奪われた命の一つひとつが、肉親の流す涙で磨かれた宝石であったろう」という一文で終えています。この「宝石」というのはどこから発想されたのでしょうか。

竹内　これは、特段どこからか引いてきた言葉というわけではありません。まずは、命の尊さを表したいと考えた。さらに、障害を持っていてもそんなことはまったく関係が無い、尊さが損なわれることが肉親から見たら、どのように見えるのかなと想像したんです。そうしたら、「宝物、宝石」という言葉が浮かんだ。ベタな表現ですが、ここではこのくらいの直球がいいだろうということで、「宝石」を使いました。

ただ、あらためて読み返すと、「涙で磨かれた」という形容は、ちょっと表現に酔ってしまったところがあるように思います。原稿の段階では何度も読み返すべきだと思いますが、いったん世の中に出たものについては、読み返すものではありませんね、身体に悪い（笑）。

池上　以前、竹内さんが、「朝日の天声人語とは、まったく別の試合をしているから、ライバルという感じじゃない」とおっしゃっていたのが、この事件についてのコラムを読み比べて、やっとわかった気がしました。

同じ日の朝日新聞の「天声人語」は、「神奈川県北西部にある障害者施設『津久井やまゆり園』が開園したのは１９６４（昭和39）年、東京五輪が開かれた年である」という文から始まります。そして、元職員太田顕さんの著書『一所懸命』によると……と続けて、最後は「職員と入所者が支え合って築いた半世紀の静穏が一夜で崩れ去った」で締めている。きっと一所懸命に資料を探したのだと思います。ジャーナリズムとしてはしっかりしたものだったと思いますが、コラムとして考えると、あまりにも表現としての工夫が少ないと思ったんです。

一方、毎日新聞の「余録」は、冒頭に、肢体不自由児の大阪の山口陶志の詩を紹介していました。「せいかつの中にはカツがある／オレンジの中にはオレがいる／おにぎりの中にはオニがいる／アイスの中にはあいがある」と。そして、「失われた命にはそれぞれに『あい』があった。容疑者にとりついた魔物の素顔はしかと見極めたい」とブリッジをかけて締めています。これは竹内さんと同じ土俵で試合をしていると感じました。

竹内　各紙と読み比べをされるのは、一面コラムの宿命でしてね。とくに朝日の天声人語とは、しょっちゅう比較されます。天声人語は現場にもよく足を運び、丹念に取材するスタイルで、それには敬意を抱いていますが、率直に言うと、「コンテストの出場部門が違う」ような気がします。天声人語はジャーナリスト部門に出場していて、私の編集手帳は文章職人部門に出場している感じでしょうか。どちらが上というわけではありません。あちらにはジャーナリストの誇りがあり、こちらには職人の誇りがあり、お互いにそれぞれの部門でいい成績を取りましょう、と。

余談ですが、うちの息子が大学を受けるときに塾へ通っていたんです。小論文の講座があって、用紙に天声人語の第一段落だけが印刷してあり、二段落目以降を書いてみなさい、というものだったんですね。そういう講座に通っていた。「高いお金を出して、バカじゃないのか」と思ったわけです。「お父さんの書いたものを使って書けば、タダじゃないか。一段落目だけ見て、二段落目以降を書いたら、俺が見てやる」と言ったんです。ものの見事に拒否されましたね。

池上　息子というのは、そういうものです。父親の書いたものを参考になんか意地でもしませんし、指導を受けるなんてとんでもない。

竹内　「やっぱり天声人語のほうが上だな」なんて言ってましたよ。

ツッコミを先回りする

池上　相模原の事件をテーマにした翌日の編集手帳は、どんな話がくるのかなと注目していたのですが、「夏休みを迎えた少年少女よ、自殺するなよ」という話でした。これはどのようなことを考えて、決めたのでしょうか。

職場のテレビが白黒の邦画を流していた。つい先日の午後である。見るともなく見ているると、画面の青年が言った。「死ぬことはないですよ。生きてりゃ、ほんのちょっとしたこと、たとえば小便することだって楽しいですよ」

自殺志願の人をいさめている場面らしい。新聞のテレビ欄で、岡本喜八監督の『肉弾』（1968年）と知った。青年を演じているのは寺田農《みのり》さんである。

そのセリフに、谷川俊太郎さんの詩『ぼくは言う』を思い浮かべた。〈のどがかわいた時に水を飲むことは／人間のいちばんの幸せのひとつだ〉と。〈生きていて息をするだけで／人間はほほえみたくなるものだ〉と。

水を飲み、息をし、小便をする。生きている喜びはささやかな日常のなかにもある。残忍な刃《やいば》が19人の命を奪った事件のあとである。生きたくても生きられなかった人たちである。夏休みを迎えた少年少女よ、どうか自分の尊い命を粗末にしてくれるな――と、説教くさい物言いになるのを抑えきれないでいる。

〈走馬燈いのちを賭けてまはりけり〉（久保田万太郎）。無残に踏みつぶされた走馬燈の無念を思う。

（読売新聞２０１６年7月28日「編集手帳」）

竹内　この日は、命の大切さについて書きました。前日の気持ちを引きずりながら書いた「続編」のような仕上がりですけど、これは一人の書き手が書くコラムの特権というか、良さと捉えてもらえるとありがたいですね。

テレビのニュースでは、残酷で痛ましい事件について報道していたとしても、「はい、ここでＣＭです」と区切りがつく。ＣＭがあけたら、がらっと明るい話に移っていくのが当たり前ですが、一人の人間が書いているコラムでは、それが難しいんです。いくら夏休みに入ったといっても、前日の事件のことを考えると、どうしても、手のひらを返したように陽気にはなれないんですね。無理矢理に「楽しい夏休みを過ごしてくださいね」式の明るい話を書いても、自分が嫌いになりそうでして。だから、痛ましい事件を題材にしてコラムを書いたときは、だいたい二、三日は、ちょっとふさぎ込んだような様子の原稿になります。この日もそうでした。

池上　なるほど。表現部分で私が興味深いと思ったのは、「説教くさい物言いになるのを抑えきれないでいる」と書いているところです。感情が溢れ出ていることを伝える表現でもありながら、「説教くさい」というツッコミを回避する役割も果たしていますよね。これは高度な文章表現テクニックの一つだと思って読んでいました。

竹内　すべてお見通しですね。一種の保険をかけた書き方です。「説教くさいことは、自分でも承知しているんですよ」というのを、「読者からのツッコミ」が入る前に先回りして言っておく。

このコラム全体では、とにかく「命の大切さ」を伝えたい。でも、普通に書くと、「なんだ、ありきたりの説教か」と思われてしまって、それでおしまいになるので、なんとかそれを回避したかったんです。そこで、「ありきたりな説教だということはわかっていますよ」と書いて、それでも伝えずにはいられなかったと持ってまわった表現をした。まあ、これは言い訳ですかね。

池上　言い訳というより、含羞《がんしゅう》ではないですか。

竹内　なるほど。含羞ということにしておきましょう。

短文の効用

池上　次に竹内さんが書いた入社案内の文章は、まさに「短い文章」を書くときのお手本だと思うんです。

入社して長野支局に赴任した。1年目の思い出が三つある。

善光寺が焼けた。日は暮れて、締め切りまで時間がない。現場、警察、消防と、手分けして取材に散った。僕は写真を一手に任された。撮り終えて職場に戻り、現像して呆然となった。炎上の写真がすべて真っ黒で、1枚も写っていない。「おい、あと5分で締め切りだぞ」。誰かがドアを叩いた。出たくない。このまま暗室のなかで一生暮らしたい。そう願ったのを覚えている。〝燃える善光寺〟の写真が載らなかったのは読売だけである。三振1。

（略）

会社を辞めもせず、辞めさせられもせず、30余年後の今、こうして『入社案内』の筆を執っている。人は思うだろう。満身創痍になってでも続けたいほど、新聞づくりは面白い仕事なのか、と。あるいは、読売新聞って懐が深い会社なのね、と。どちらの感想も、そう的を外れていない。僕よりもデキる君よ。いつか、僕には縁のなかった手柄話を聴かせてくれ。4三振も5三振もして、僕の記録を塗り替える君よ。いつか、ゆっくり酒でも飲もう。

（読売新聞「入社案内」筆・竹内政明「大きな声では言えない」より）

まず、竹内さんご自身の初任地、長野支局での失敗談を書いているんですけど、これがものすごく短い文章なんですよ。「入社して長野支局に赴任した。1年目の思い出が三つある。善光寺が焼けた」。これはすごい文だと思います。普通、こうは書けない。普通に書くとこうなります。「入社したのは一九〇〇年。その年、私は警察を担当していた。〇月のある日、〇時頃のことだった。善光寺から出火する事件があった。急いで現場に駆けつけてみると……」。でも、竹内さんは、「善光寺が焼けた」で、片付けてしまう。これだけ省略しても伝わるんですよね。善光寺が丸焼けになったわけではないかもしれませんが、かなりの出火だったんですよね。

竹内　ええ。善光寺を構成する大勧進と大本願のうち、片方の大本願の庫裏《くり》や奥書院などが全焼したわけですから、建物が丸焼けになりました。

池上　「善光寺が焼けた」と簡潔に表現することで、むしろその火の勢いがイメージできるんですね。

それから、「日は暮れて、締め切りまで時間がない。現場、警察、消防と、手分けして取材に散った。僕は写真を一手に任された」と続きますが、一つ一つの文章が短い。だからこそ、リズムが出てくるんですね。短い文章を重ねることで、リズムが良くなるし、緊迫感も出てくる。

そして、「撮り終えて職場に戻り、現像して呆然となった。炎上の写真がすべて真っ黒で、1枚も写っていない」とつないで、読者に新人記者が何をやらかしたのかを伝えて、そのあとは一気に締めるわけですね。「〝燃える善光寺〟の写真が載らなかったのは読売だけである」。本当は、この後にくる、「怒鳴られた」とか「怒られた」とか「励まされた」とか、そういう話は一切省略されているわけですね。でも、何かがあったということは、想像できる。読者がそれぞれの自分の体験と結びつけて、勝手に想像してくれたほうが、ヘタに書き込むよりもずっと鮮明なイメージを読者の頭の中に残せるんですよね。

竹内さんは、このように短文を連ねて書く場合が多いと思うのですが、最初から短文を書くのでしょうか。それともある程度長い文章を書いて、その後で適宜短く切っていっているのでしょうか。

竹内　編集手帳の場合は、全体の分量が少ないので、一つのセンテンスがある程度長くても読んでもらえるんです。この文章は編集手帳よりも少し長いので、一文は短くしようと意識しました。

書き方としては、基本的には自然に文章を書いていって、読み返しながら「ちょっと長いかな」と思ったところを分割しています。

とにかく「削る」練習をする

池上　文章を書いていると、説明不足になっているのではないかと不安になって、つい形容詞や副詞を付けていって、一文が長くなっていくものですが、そこは、自制を利かせているということでしょうか。

竹内　簡潔な書き方で、私がお手本にしている文章の一つに井上靖の「海辺」という詩があります。こんな文章なんです。

土地の中学生の一団と、これは避暑に来ているらしい都会の学生の一団とが擦れ違った。海辺は大方の涼み客も引揚げ、暗い海面からの波の音が急に高く耳についてくる頃であった。擦れ違った、とただそれだけの理由で、彼らは忽ち入り乱れて決闘を開始した。驚くべきこの敵意の繊細さ。浜明りの淡い照明の中でバンドが円を描き、帽子がとび、小石が降った。三つの影が倒れたが、また起き上がった。そして星屑のような何かひどく贅沢なものを一面に撒きちらし、一群の狼藉者どもは乱れた体型のまま、松林の方へ駆けぬけて行った。すべては三分とはかからなかった。青春無頼の演じた無意味にして無益なる闘争の眩しさ。やがて海辺はまたもとの静けさにかえった。私は次第に深まりゆく悲哀の念に打たれながら、その夜ほど遠い青春への嫉妬を烈しく感じたことはなかった。

（新潮社刊・井上靖著『井上靖全詩集』所収「海辺」より）

とにかくリズムが素晴らしいと思いますが、無駄なことを一切書いてないんですね。決闘する集団のことは、「一団」としか書いていない。「何人いるか」も「どういう風体なのか」も「どんな人相なのか」も書いていない。でも、それで読者が読むのに、なんの不自由も感じさせない。つまり、単純に情報量が多ければ、読者にとってイメージがわくというものでもないし、わかりやすいというものでもないんですね。

もう一つ、お手本を挙げるとすれば、戸板康二さんの文章でしょうか。これも、省略が利いています。

林家三平さんが、車を運転して、ついスピードを出しすぎて、つかまった。窓から首を出して、「三平です」といったら、「それがどうした」といって、罰金をとられた。

（文藝春秋刊・戸板康二著『新ちょっといい話』より）

この文章も、「どこで」も「いつ」も書いていない。「何の用事で急いでいたのか」も、説明していない。「三平です、と言えば許してもらえると思った」という補足もしない。「警官」という言葉さえ出てこない。この後に「がっかりした」とか「アテが外れた」とか「落ち込んだ」という話もない。でも、情景が目に浮かぶし、話の面白さが伝わる。事実だけを、ポンと書く。それでも伝わる。名人芸だと思います。

じゃあ、どうすれば、よい短文が書けるようになるか。

「削る練習」しかない。毎日、文章を書いては削り、書いては削りを繰り返しているうちに、だんだん「余計な贅肉」が見えてくるはずです。

簡潔であることの強み

竹内　簡潔な名文という括りで、以前読んだ本から見つけた「これはうまい！」と思ったものを、二つ紹介させてください。きっとよいお手本になると思います。
まずは、川崎浹さんというロシア文学の研究者の方が書いた『ロシアのユーモア』から、以下のくだりです。

モロトフら反対グループの追放後、権力をにぎったフルシチョフは、五六年に党大会でスターリンの秘密批判をおこなった。そのときの模様を、反体制活動派の当時有名な非合法雑誌だった「時事日誌」がこう伝えている。

フルシチョフが壇上から独裁者スターリンをはじめて批判し、スターリンの専横ぶりを数えあげたとき、出席していた党委員のなかから声があがった。

「そのとき貴方はなにをしていたのですか?」

すると即座にフルシチョフが応じた。

「いま発言したのはだれか、挙手していただきたい」

だれも挙手する者がいなかったので、フルシチョフは答えた。

「いまの貴方と同じように、私も黙っていた」

(講談社刊・川崎浹著『ロシアのユーモア』より)


これは、川崎さんがもともとあったロシアのジョークを翻訳したものでしょうから、川崎さんの文章がうまいということに加えて、ジョーク自体の出来がよいということでもありますね。もちろん翻訳はかなり工夫されたと思います。

それで、私がなぜこの文章を「うまい」と思ったかというと、刈り込もうと思っても、これ以上刈り込むところがまったくないんです。一文字も減らすことができない。

池上　この話は、歴史のエピソードとしては、本当にあったのかどうか疑わしいのですが、有名な話です。話としては、本当によくできていますよね。党大会に出てくるということは、みんな幹部です。中央委員ですから。そうだとすると、そこにいる人間たちは全員同罪なんですよね。それを、これ以上ないくらいの簡潔な形で表現できているのは、本当にすごいですね。

竹内　次は、先日亡くなった豊田泰光さんのコラムです。奇をてらわずに、ただただ自然体で書いている。

敵と一番接触できるのが捕手というポジションだ。相手打者と1試合に4打席は会話をかわす機会が巡ってくる。この特権を生かしたのが野村克也捕手。打者のスタンスから「真っすぐ狙いやろ」などと言い当てて崩してしまうのは序の口で、相手の交友関係や遊び方も調べておき、動揺させるのもお手の物だった。

（略）

捕手の言葉といえば足を震わせながら立った18歳のプロ初打席も思い出深い。近鉄のマスクをかぶっていた郷里茨城の先輩、根本陸夫さんが「おふくろさんに手紙書いてるか」と声をかけてくれた。ふるさとを離れて頑張ろうという後輩への激励だった。震えがとまった私は初打席初安打のデビューができた。

捕手は一言で仕事ができるということだ。投手のミスまでかぶらされるのはかわいそうだが、要求通りの球がこなかったとすましてもいられない。
（日本経済新聞2005年4月14日「チェンジアップ」筆・豊田泰光より）

野球論を語りながら、それがいつしか青春回想記になり、母親の面影が読者の目にチラチラしたと思うと、また野球論に戻って文章が結ばれる。文脈のアクロバットをひけらかすでもなく、展開が自然で、無理がない。簡潔な文章だから可能な組み立てで、装飾過剰の文章には真似できません。

「誰に読んでもらうか」を意識する

池上　勘違いしている方も多いように思うのですが、文章の書き方や話し方には、「こういう風に書かなければいけない」「こういう風に言わなければいけない」という正解があるわけではないんですよね。「読者」によって、あるべき姿が変わっていく。だから、「これは誰に読んでもらうものか」を常に意識しながら書く、というのが、文章を書く基本になると思います。少なくとも、その意識を持つだけで、格段に「読者にとって読みやすい文章」が書けるようになる。

私は、毎日小学生新聞にコラムを持っているのですが、このコラムでは、本当に小学生にもわかるように書こうと工夫しているつもりです。中日新聞では高校生向けのコラムを書いています。これは当然高校生にわかるように書く。一方、朝日新聞の「新聞ななめ読み」は、中面に掲載されていることもあって、一般の人というよりも、業界人が読んでいると思うので、主に彼らに向けて書いています。日経新聞のコラムは、経済について一定の知識を持っている人が読者に多いだろうから、基本的な用語解説は省略する。テレビで言えば、テレビ朝日の「池上彰のニュースそうだったのか!!」については、小学校の高学年から九〇歳の方にまでわかるような言い方をしています。一方、テレビ東京の「ワールドビジネスサテライト」であれば、基本的な経済用語はわざわざ解説しません。こうして、媒体ごとに、それぞれ読者や視聴者が違うわけですから、発信する側としては、それに合わせて表現方法も変えていかなければいけないと思うんです。

ただ、これは「読者のため」になるばかりか、「書き手のため」にもなるんです。「読者」を意識できるようになると、「失言」や「筆が滑る」ことも減ります。失言の多くは、「読者」「視聴者」が見えていないときに、口から出てしまうものなんです。

そういう意味では、よく政治家が「失言をした」としてメディアで叩かれていますけれども、「読者」「視聴者」が見えていないどうしようもない失言もある一方で、ちょっと気の毒な時もあるんです。

話す内容や話し方の許容範囲は、聴衆によって決まります。内輪の支援者たちを相手に話す場合は、極論を言えば、何を言ってもいいわけです。でも、それが報道によって外部に漏れると問題になる。政治家であれば、「外に漏れる」ことも計算に入れて話さなければならないと言えばそれまでですが、日本の政治家が全員、本当にどこでもかしこでも、「誰に聞かれても問題にならない話」を「誰に聞かれても問題にならない話し方」でしかしないようになったら、これはこれで、つまらない世の中だと思いますね。

例えば、話をするときに、男性ばかりの会場と、女性が多い会場では、話し方が変わってきます。ましてや子どもがいれば、大人ばかりの会場とはまったく違う話し方をする。

例えば、「自分の立場しか考えずに、ものごとを捉えてはいけませんよ」という教訓話の例として、こんなものがあります。昔、NHKテレビで、専門家の先生が来て、健康について話すという番組がありました。その日は、産婦人科の先生が来て、子宮の病気について語っていた。聞き手の男性アナウンサーは、番組中、なるほどと相槌を打ちながら、何度も何度も「子宮の入り口が」「子宮の入り口が」と繰り返していたんですね。でも、その放送が終わったあとで、産婦人科の先生が、「ところで、あなたが入り口と言っていた場所は、女性からすると出口なんですよ」と。男の立場と女の立場では、入り口と出口が反対になる。その男性アナウンサーはそれに気がつかずに、全国放送で「入り口が」と連呼してしまったわけです。そのときの放送内容から考えれば、本当は「出口」と言うべきだったのに、それができなかったのは反省すべきである、と。そういう教訓話です。

さて、この本で、この話をしてもよかったのかどうかは、きわどいところですが、どうなりますかな。

竹内　私のセリフは、「(困惑した様子で) なるほど」と書いておいてください (笑)。

好きな表現は「使ってはいけない表現」?

竹内　読者のことを考えながら書く。これはもちろん大事なことです。ただ、そんなに簡単なことではありませんね。

新聞の世界では、「中学生でもわかるように書く」というのが一応の目標になっているんですけど、私は守れていません。それこそ古典の引用をした瞬間に、大方の中学生はお手上げでしょうから。それに、常用漢字でなくても「この表現が必要だ」と思ったら、私はルビを振って使ってしまいます。例えば、「沙汰の限りである」なんて言い回し、大好きで愛用しています。同じ意味でも、「言語道断である」だと政治家の国会質問みたいで味も素っ気もないけれど、「沙汰の限りである」は名優のセリフを聴いているようで心地よい。知らない言葉があっても、ある程度は辞書を引いて読んでほしいという気持ちも、どこかにありますね。

池上　そこはおっしゃる通りですね。いくら「読者を意識して、読者に伝わるように書く」といっても、日本語には美しい言葉がたくさんあるんです。私もできるだけ、趣のある言葉を使っていきたいのですが、この言葉を使っても「理解してもらえない」ことが増えてきています。これは困りますよね。例えば、小学生向けの番組や記事ということであれば、ある程度は仕方がないとは思いますが、大人向けの番組や記事なのに、ちょっと工夫した言い回しをしてしまうと、読者に理解してもらえない。これは寂しいことですよね。

竹内　一〇日ぐらい前に、産経新聞の産経抄を書いていた石井英夫さんと寿司屋で飲んでいたんです。石井さんは今八〇歳くらいだと思いますが、まさに「生き字引」のような人で、話していても「へえ、そういう言い回しをするんだ」という言葉がたくさん出てくるんです。酒にも飯にも満足した頃合いに、石井さんが「そろそろおつもりにしよう」と言ったんですよ。「おつもりにする」というのは、辞書にも載っている言葉で、「最後の一杯にする」ということですね。「もうこれでお勘定にしよう」という意味なんです。石井さんは「こういう言葉を使う人はいなくなったでしょう」とおっしゃっていましたね。

池上　「おつもりにする」ですか。恥ずかしながら、私は知らない言葉ですね。ここが難しいところですよね。趣のある表現とか含蓄のある言葉とか、書き手の人は、できることであればなるべくたくさん使っていきたい。でも、読者にその言葉の意味を理解してもらえなかったら、そのときの原稿で伝えたいことが伝わらなかったら意味がない。そこは本当に悩ましいところです。

竹内　「自分の使いたい言葉」という話からちょっと展開させると、うまい下手は別として、とにかく文章を書いていると、「自分の好きな言葉」とか「好きな表現」「好きな言い回し」というのが出てきますよね。とくに意識しているわけではないのに、つい使ってしまう言葉がある。

でも、この「好きな言葉」や「好きな表現」というのは、本当はあまり「使ってはいけない言葉」だと思います。

将棋の世界に、大山康晴十五世名人という大棋士がいました。「得意な手は何ですか」と問われて、「プロに得意な手なんてありません。得意な手があるならアマチュアです」と答えたという話があるんです。私は、これにギャフンとなりました。言われてみればその通りで、「好きな表現」というのは、自分にとって「便利」だから使ってしまう表現にすぎなくて、その文章にとって最適の表現ではないことも多いんですね。響きが綺麗で、文章が締まるからよく使っているということでもなくて、ただ、自分がラクできるから使っている。ラクをして、いい文章なんて書けるわけがない。だから、「好きな表現＝便利な表現」だとすれば、「好きな表現＝使ってはいけない表現」ではないか。大山名人の言葉に接してから、そんな風に考えるようになったんです。

では、具体的に、私が「便利な表現」として使っているのは何か。探してみたんです。そうしたら、見つかったんですね。私は、どうも「○○よ」と呼びかける表現を使いたがるみたいなんです。この本で紹介したコラムを見るだけでも、「男よ」と「僕よりもデキる君よ」「4三振も5三振もして、僕の記録を塗り替える君よ」と、三回も使っている。これはもう「悪癖」と言っていい。

「この表現を使えばなんとなく原稿がまとまるな、収まるな」という表現に依存してしまうというのは、表現だけではなくて、内容も含めた原稿がパターン化する兆しでしょうね。

ほかにも無意識に使ってしまう言葉がいくつかあります。通り魔殺人が起きて、美容師を目指していた人が二〇歳で人生を絶たれたとします。こういう事件のあとに書くコラムでは、最後の場面で、「こうべを垂れる」で原稿を締めくくると、非常に収まりがいいんです。二〇歳で人生の夢を絶たれた亡き人の霊前で、筆者の祈っている姿が、読者に伝わる感じがするんですね。それで、実際、悲惨な事件の起きた次の日のコラムで何回か使ったし、今でもついつい使ってしまう。

それから「えにしの糸に導かれて……」といった表現も好きです。普通に書くのであれば「奇しくも〇〇だった」ということになります。それで事は足りているんです。でも、「えにしの糸」を使うと、ちょっと気取った表現になる。言い換えれば、「収まりがよくなる」。だから、つい使ってしまうんです。確か、すでに二、三回は使っているので、もう封印しなければいけないなと思っています。

放送の世界でも、「こういう風に書けば、とりあえずは収まる。とりあえずはそれらしく見える」という表現はありますよね。

池上　あります。例えば、「なりゆきが注目される」という表現ですね。これを使うと、

「お前、それはなり注原稿だろう」なんて先輩に叱られる。つまり、ちゃんと今後の見通しまで考えて原稿を書きなさい、手抜きをしてはいけませんよ、ということですね。

竹内 そう。もっと良い表現があるかもしれないのに、「収まりの良さ」で安易に選んでしまうわけですから、「手抜き」そのものです。

本当にできるかどうかはさておき、無限の表現の中から、一番ぴったりくる言葉を持ってくるのが、私たちの仕事のあるべき姿でしょう。だから、自分の道具箱を覗くと、その中にはいくつかの使い慣れた表現が並んでいて、その中から、「まあ、今回はこの言葉でいいか」という選び方をするのは、職人のプライドが許さないんですよね。そこを譲ってしまうと、文章を書く技術も伸びない気がします。

池上 筋肉をつけたり、体力をつけたりするときに、負荷をかけてトレーニングをすることがありますよね。筋肉を鍛えるためには、筋肉を痛めつけて、筋肉を傷つける。その筋肉が回復するときに、より強い新たな筋肉がついてくる。つまり、ラクな運動をしている限りは、いつまでたっても筋肉はつかないんです。やりすぎてはいけないけれども、「ちょっと苦しい」と感じる負荷をかけることによって、筋肉はつく。文章を書くための筋肉も同じなんですよね。

さらさらとラクをして原稿を書いているようでは、文章はいつまでたっても上達しない。すでに作られた自分の道具箱の中から、選択するという苦労もせずに、言葉を選んで「はい、一丁あがり！」としていても、文章はうまくならない。苦しいかもしれないけど、「よりよい表現はないか」頭を絞ったり、工夫したりしているうちに、少しずつ進歩していくものなんですよね。

なぜその本が好きなのかを分析してみる

池上　若い頃、「類語辞典」を一生懸命読んでいる人が同僚にいたんです。私も一度やらなくてはいけないと思っているのですが、まだできていないんですね。

類語辞典をめくってみると、いろいろな「言い回し方」があって、同じようなことを表現するとしても、表現の可能性は無数にあるというのがわかります。ある状況を描かなくてはいけないとして、一つの言葉はすぐに浮かぶけれども、それは使いたくない。といったときにも、類語辞典は役に立ちます。その「使いたくない言葉」を引いてみると、対案をたくさん提示してくれますから。

竹内　私も類語辞典は机に置いてあります。ただ、まあ、なかなか手に取らない。どこか

「引くのが悔しい」感じがあるんです。最近は老化の進む脳ミソで、そうも言ってられませんが。

「やいのやいの言う」という表現がありますね。これも好きな言い回しです。「傍からあれこれ言われる」だと、どこか嫌なことをされている印象を受けます。「やいのやいの言われて……」だと、口を出されることがまんざらでもないと言いますか、ちょっとうれしいお節介をやかれたような感じを受けます。「たまには奥さんを連れて温泉でも行ってこいよ、なんて周りからやいのやいの言われるもんだから……」みたいに使うと、ちょっと場面が明るくなる。それで、この「やいのやいの言う」という言葉は、気に入っていたんです。でも、いざ原稿の中で使いたいときになると、ピタッと出てこなくなるんですね。肝心なときに浮かばない。

「しおらしい」というのも、珍しくもない、どこでも目にする表現ですよね。なかなか趣のある言葉です。単純に「褒める」のではなくて、「殊勝なふりをしやがって」というニュアンスがある。普段は傲慢そのものの政治家が急に殊勝な発言をしたときに「しおらしいこと言ってるね」と書けば、批判めいた表現になるわけです。これも、原稿を書いているときには浮かんでこない。類語辞典も使わないといけないのかなと思いますね。

ついでにもう一つ、「身も蓋もない」も好きな表現です。今日の対談でも冒頭の辺りで使わせてもらっていますね。

意味は『男はつらいよ』で寅さんが言う「それを言っちゃあおしまいよ」とほぼ同じです。寅さんの言い回しも好きで、どちらを使うかいつも迷いますが、映画の題名や寅さんのことを説明しなくて済む「身も蓋もない」に傾きがちですね。

こうした「自分の中でしっくりくる表現」を探すことを意識して、本を読んでみるのもいいかもしれません。

池上 それこそ身も蓋もない言い方になりますが、文章がうまくなるためには、とにかく、たくさんの本を読むことが必要なんでしょうね。

まずはその中から自分が「ああ、これは好きだな」と思う本を見つける。さらに、「自分はなぜその本を好きだと思ったのか」「自分はなぜこの文章をよい文章だと思ったのか」を自分なりに分析してみる。

私の場合は、中学一年生のときに読んだ、ゴーゴリの『検察官』という戯曲が心に引っかかったんです。たまたま旅行である地方都市に立ち寄った主人公は検察官になりすまそうと思っているわけではないんですけど、周りの人たちが勝手に主人公のことを視察にきた検察官だと勘違いして、一生懸命に接待するという話です。戯曲ですから、若干のト書きがあって、あとはセリフがずっと続く構成なんですけど、これが面白かった。それで、どうして面白いのかを自分なりに必死に分析しました。当時、どんな分析をしたのかももう忘れてしまいましたが、こうした行動の積み重ねが、今の自分の原稿書きの栄養分になっているんですね。

小泉進次郎さんは、演説の勉強をするために、仕事の隙間を見つけては片っ端から落語を聴いているそうです。高座に足を運んで聴くこともあるし、落語CDを移動時間に聴くこともあると言っていました。それで、枕の作り方や間の取り方を覚えているんですね。彼の演説がうまいのは、そういう研究の結果なんです。

竹内　落語は文章を書く人間にとって本当に勉強になりますね。私も高座の噺を書き起こした速記本の類は、かなりの数を読みました。

例えば、人格円満なのはいいが、円満すぎたのが裏目に出て、外交交渉で外国政府からナメられた政治家を、どう言って皮肉るか、〈あんたはカドが取れて、いい人だね。古い角砂糖みたいな人だ〉。

ありきたりに「猿も木から落ちる」や「河童の川流れ」と表現するのではつまらないと

き、ちょっと変わった言い回しはないか、〈ムカデも転ぶ〉。

普通に「敷居が高い」というのでは足りないくらいの不義理をしでかしてしまったとき、心境をどう表現するか、〈敷居が鴨居になっちまいましてね〉。

どれも落語に教わった言葉です。

講談もいいですよ。夫婦二人きりの、ささやかな暮らしぶりを、どう言い表すか、〈茶碗で米とぐ世帯でも〉。

同じ悪人でも、肝の据わった大悪人ではなく、ズルく立ち回る心卑しい小悪党を、どう表現するか、〈鬼の肩でも揉みそうな、ひどく人相の悪い奴〉。短くて、的確で、景色や人物が目に浮かびます。

編集手帳は、どうしても寝ぼけ眼で読まれるので、目で文章を追ったときに、そのままの速度で頭に沁みこんでいくような書き方をしないと、読者は途中で読むのをやめてしまう。つまり、二度読まなくても意味が頭に入ってくるような文章の書き方をしなければいけないんです。落語や講談に伝わる語りの妙技は参考にさせてもらっています。

「控えめな表現」の効用

竹内　さきほど、ご紹介いただいた「入社案内」の文章で、一つだけ自己満足できたのは、斜に構えた姿勢です。会社案内の原稿ですから、「読売新聞は、いい会社だから、ぜひ入ってください」という趣旨のものでありながら、「書き手がしぶしぶそれを認めている」書き方ができた。働きやすい、いい会社だと思っていますけど、そう書いたらシラけるだけでしょ。

池上　「読売新聞はいい会社です」と真正面から書くと、やっぱりいやらしい感じがします。何より「自分の会社案内なんだから、いいように書くに決まっているよね」と、書いてあることをそのまま鵜呑みにできないなと思われてしまう。でも、この原稿では、読売新聞がどうこうということではなく、まずは「新聞作り」の現場を描くという一般の話から入る。そして、その後に、「読売という会社は少なくとも懐が深いことを認めざるを得ないよなあ」という書き方をしている。会社案内なのに、ここまで控えめに書かれてしまうと、「ああ、いい会社なんだろうな」と素直に読まされてしまう。これは、まさに文章の「技術」ですよね。

竹内　何かを褒めるときも、何かを批判するときも、書き手の感情を前面に押し出してしまうと、読者が引いてしまうんです。

政治家を批判するときに、口から唾を飛ばして激しく怒ると、読者はその政治家の味方についてしまう。厳しく批判したいときほど、8割くらいの力に抑える。すると、「手ぬるいな。もっと怒ってもいいんじゃないか」と、読者が怒る側にまわるんです。こちらからガソリンを撒いて火を大きくしようとすると、読者は火を消しにくる。こちらが火種をそっと差し出せば、読者がガソリンを撒いてくれる。

文章というのは、一方通行ではないんですね。必ず読者が読んでくれて成立する。自分の書いた表現で読者が何を思うか、読者がどのような行動に出るか、考えながら書くことが大事です。

「たとえ」の作り方

竹内　池上さんの文章を読むと、一つ一つの事柄についての説明がすごく丁寧なんですよね。決してごまかさない。表現をしっかりかみくだくのは当たり前として、それに加えて「たとえ」もふんだんに使っている。『隠蔽捜査』の解説文では、警察の役職部分を説明したくだりを読んで、「なるほど、解説的な文章というのはこうやって書くのか」と勉強になりました。

一方、キャリア組は、国家公務員I種試験に合格した者。研修を受けると、いきなり警部補の階級からスタートします。現場の警察署での勤務を経ると、すぐに警部に昇任します。現場の警察官を経験するだけでなく、霞が関の警察庁にも勤務し、警察関係の役人としての仕事も経験します。

巡査から始めるノンキャリア組が鉄道でいえば普通列車に当たるのに対し、キャリア組は特急列車。竜崎伸也は、この特急列車組です。ただし、警察庁から大森警察署長に降格になったので、いわば特急列車が赤信号で一時停止している状態でしょう。駅を通過してばかりいると見えない周辺の景色が、途中駅に一時停車したことによって、見えてくるのです。

（新潮社刊・今野敏著『宰領——隠蔽捜査5』の文庫版解説より　筆・池上彰）

この部分の「たとえ」は、とくに秀逸ですね。警察のキャリアとノンキャリアを「列車」にたとえるのは、そんなに難しくないと思うんです。でも、その後で、「駅を通過してばかりいると見えない周辺の景色が、途中駅に一時停車したことによって、見えてくる」と、物語の中身を投影しながら、自分で使った「列車のたとえ」に、もう一度、働いてもらう。これがなかなかできない。池上さんは、こうした「たとえ」はすぐに思いつくほうなんですか。

池上　この本については、警察内部のことを知らない読者は、せっかく読んでも一番面白い部分を楽しめないんじゃないかと思ったんです。だから、せっかく解説を書かせてもらうということで、とくに気をつけて詳しく書いたんですね。

「たとえ」については、基本的にはパッと思いつくタイプです。「こういう風にたとえれば、みんなにわかりやすく伝わるだろうな」ということは、すぐに思いつく。でも、それが文章として面白いものになるかはわからない。この原稿の場合も、「キャリア」が特急列車で、「ノンキャリア」が普通列車というのは、すぐに頭に浮かびました。これは「思いついた」というより、よく使われる「ありきたりなたとえ」として、もともと頭に入っていたんですね。わかりやすく解説をするためだけに「ありきたりな表現」を使うのも嫌だなと思っていたんです。この「たとえ」を使うかどうか迷っていた。でも、原稿を書くなかで、「竜崎は降格になった。降格ということは、『赤信号で停車』とたとえることができるな」とふと思いついた。それで、「あっ、これと組み合わせることができるのなら、列車のたとえを使おう」と決めたんです。

竹内　パッと思いついた経験はないなあ。いつも、もだえるように苦しんで絞り出していますね。

どうしても思い浮かばないときは、歌舞伎の用語集とか、相撲の用語集とか、裁判の用語集とかをめくって、一般の人にとって「日常的によく使う言葉」ではないけれども、なんとなく馴染みがある言葉を探して、「たとえ」として使うことができるものを見つけることが多いんです。

気象予報士の草分けである倉嶋厚さんが書いた『雨のことば辞典』にもよくお世話になっています。これは、雨の名前や雨にまつわる言葉ばかりが書いてある辞典なんですけど、ちょっと気の利いた文章を書きたいときは一般の人にもおすすめできる辞典ですね。

池上　倉嶋厚さんは、ご自身もエッセーが大変お上手なんですよね。

気象庁では、鹿児島気象台は位が高い気象台なんです。台風常襲地帯なので、責任が重い。だから、鹿児島気象台長になるということは、警視庁で言えば、丸の内警察署長になるようなものなんです。倉嶋さんは鹿児島気象台を最後に務めて定年退職しましたから、現場の人の出世コースとしては一番上まで登りつめた。気象解説をしてもらっても、とにかく洒脱で面白い。それで、NHKの社会部で気象庁を担当したことのある記者が、「定年退職したわけだし、倉嶋さんに、ぜひ来てもらおう」と声をかけて、NHKに来てもらったんですね。話が上手なのは知っていたのですが、文章を書いてもらったら、これも見事で驚いたのを覚えています。

竹内　「人文気象学」という言葉ができたくらいの文章家ですよね。

池上　気象庁の人は、基本的には理科系の人ばかりなんですよね。物理学がわからないと気象のことがわからない。それで、理系の人というのは、論理的な思考に長けているはずなんですが、日本語を書かせると、おかしなことになる人が多いんです。いま、私は東工大で授業を持っているので、とてつもなく優秀な学生を大勢知っているのですが、文章を書かせると「ちょっと読めない」文章を書く人が少なくない。

でも、理系にも時々、驚かされるような名文家もいるんです。倉嶋さんはまさにその一人で、寺田寅彦に相通ずるような文章上手でした。理科系の知識があるということは、文系の人以上に「一般の人の知らないこと」を書けるということです。読者の知っていることと知らないことを、うまく合わせることができると、素晴らしい名文が生まれるということなのかもしれません。

「です・ます」調と「だ・である」調の書き分け

竹内　池上さんは、「です・ます」と「だ・である」を使い分けているようですが、こういう場合はこっちを使う、といった決め事はあるんですか。この『日本の聖域《サンクチュアリ》』の解説文では「だ・である」調を使っていますね。

ふだん私たちの関心が向かない所には、それをいいことにした聖域が存在する。生保の「総代会」など、その典型だろう。かつてこの仕組みを知ったとき、私はあまりの内輪のお手盛りぶりに驚愕したものだ。これでは生命保険会社を監督する仕組みは有名無実だ。

株式会社だったら、株主総会があり、不祥事でも起きたら、株主によって追及・糾弾される。東京電力が、いい例だろう。

（略）

生保の「総代会」を取り上げた記事では、相互会社の仕組みの問題点を、こう指摘する。

〈相互会社制度、総代会制度のおかげで、お手盛り経営が可能になるため、生保にはしばしば、普通なら考えられないような独裁経営者が長期間存続し得るのである〉

株式会社だって、「独裁経営者が長期間存続し得る」けどなあ、などと突っ込みを入れたくなる部分だが、確かに相互会社だと外部の目が届かず、おかしな経営が続く可能性も高いだろう。

（新潮社刊・「選択」編集部編『日本の聖域』解説より　筆・池上彰）

池上　硬派な文章と軟派な文章のどちらが好きかといえば、私は軟派が好きなんです。軟派な文章には遊びを入れることができますからね。だから、普段は「です・ます」で書いています。なんとなく「だ・である」で書き始めても、ふと気がつくと「です・ます」になっていて、「ああ、いけね」と書き直したりすることが多いんです。

ただ、この『日本の聖域』の解説文については、わざと「だ・である」調で書いてみました。この話は「だ・である」のほうが、私の伝えたいニュアンスがうまく表現できると思ったんです。

竹内　あちこちにちりばめた「ちくり」とする毒がいいですね。例えば、生保の「総代会」について斬り込んだ「選択」編集部を褒めていたかと思うと、「この程度で矛を収めてほしくないのだが」と、絶妙の呼吸でまぜかえす。

読者としては、対象の書物に一〇〇％賛成している書評も、一〇〇％反発している書評も、どちらも胡散臭く感じますけれども、褒めるところは褒め、「ここはちょっと」というところについては遠慮なく指摘をする文章は、安心して読むことができる。解説文の一つのあるべき形でしょうね。

〈旧大蔵省から金融行政を引き継いだ現在の金融庁は、旧大蔵省と変わることなく、銀行や証券よりも生保を手厚く保護している〉

不思議なことだ。どうしてなのだろう。

〈この事態には、誰もが首をかしげざるを得ないのである〉

おっと、この程度で矛を収めてほしくないのだが、実におかしな事態だ。こういう聖域が存在することを社会に知らしめる。これこそジャーナリズムの役割だろう。

新聞やテレビは何をしているのか、と糾弾したくなったけれど、そこでハタと気が付いた。大手の生命保険会社といえば、新聞やテレビの大スポンサーではないか。大手マスコミが及び腰になっているのだろうか。

（新潮社刊・「選択」編集部編『日本の聖域』解説より　筆・池上彰）

池上　そして、「毒」を入れる場合は、公平にしなくてはいけないんですね。ここにはちくりとやる。けれども、あそこにはやらない。ということでは読者の信頼を得ることはできません。ですから、この原稿でも、私の過去に所属していた組織についても、しっかりちくりと刺しているんです。

この本では、私が過去に所属していた組織や、現在所属している組織についても取り上げられている。内部事情を知る者にとっては、異議を申し立てたい部分もあるのだが、外部からの批判には、耳を傾けることができてこそ、組織の健全化が進むというものだろう。

（新潮社刊・「選択」編集部編『日本の聖域』解説より　筆・池上彰）

過去に所属していた組織というのはＮＨＫのことで、現在所属している組織というのは国立大学のことです。ただ、あらためて読み直してみると、ここは「私が過去に所属していたNHKや、現在所属している国立大学」と書くべきでしたね。そう書かないと、「私が過去に所属していた組織」のことはNHKと予想ができたとしても、「現在所属している組織」のことを、テレビ朝日をはじめ、私が出演しているテレビ番組を放送している会社だと思われてしまう可能性がありますから。もちろん、ここで書いた通りに、実際にそうした組織に所属していて内部事情を知っていると、「いや、それは違うんだけど」と思うところもあるのですが、でも、やはり火のないところに煙は立たないというわけで、このような書き方になったんです。

竹内　そして最後は、新潮社と『選択』に対しても「これからもしっかりタブーに挑戦してくださいね」というプレッシャーをかけて締めくくっていますね。

アンタッチャブルな聖域を取り上げても、なかなか改善しない現実があるとはいえ、何者をも恐れず、果敢にタブーに挑戦するメディアが存在することは、私たちに希望をもたらす。

新潮社もまた、そうしたメディアを持ってきた。新潮社にとってライバルでもある他社の雑誌「選択」に掲載されてきた記事をまとめるという勇断。いいものはライバルのものであっても取り上げる。こうした健全なジャーナリスト精神が息づいている限り、私たちは日本のジャーナリズムにまだ希望が持てるのだ。

（略）

「選択」では、いまなお現代の聖域を取り上げる連載が続いている。実は私も、その愛読者。小気味いい筆致に期待しながらも、本当は、編集部が「ネタがない」と嘆く時代が来ることを願っているのだが、幸か不幸か（編集部には幸いであり、社会には不幸なことに）、そういう時代は来ないだろう。

（新潮社刊・「選択」編集部編『日本の聖域』解説より　筆・池上彰）

池上　いえ、これはそういう意図はなかったつもりなんです。むしろ、新潮社に対しても、『選択』に対しても、こうして依頼があったときに、きちんと仕事をしておけば、私自身が批判されにくくなるだろうという「リスク管理」をしていたつもりでした（笑）。

竹内　ことわざや慣用句は、私もよく使うんですが、使い方にはちょっとしたコツがあるんです。文章を書き慣れない方は、どうしても「ことわざ」や「慣用句」自体を目立たせてしまうんですね。「天網恢々疎にして漏らさず」という言葉を使うとき、その言葉が立つように書いてしまう。冒頭に置いて目立たせたり、詳細な説明をつけてしまったり。そういうのは野暮だと思うんです。文章の中にあくまで自然に織り込んでおいて、知らん顔して話を進める。

あるいは、パロディにして使う。例えば、「敵は本能寺にあり」をちょっといじって「敵は本能にあり」としてみる。実際に編集手帳で使ったものに、「罪を憎んで人を憎まず」をいじって「妻を憎んで人妻を憎まず」としたこともありました。

多くは作者不詳だが、ことわざや格言のパロディーには名作が多い。〈人間万事才能が邪魔〉（人間万事塞翁《さいおう》が馬）や〈敵は本能にあり〉（敵は本能寺にあり）は、人の世の機微をとらえて味わい深い。

あまり大きな声では言いにくい〈妻を憎んで人妻を憎まず〉（罪を憎んで人を憎まず）というのもある。逆にいま、大きな声で言っておくべきものは、〈一寸の無心にも五分の騙《だま》し〉（一寸の虫にも五分の魂）だろう。

月内にも開かれそうだという日朝局長級協議である。日本側が拉致被害者の再調査を求めるのに対して、北朝鮮は制裁措置の一部解除を迫るつもりらしい。

経済で八方ふさがりの北朝鮮は、無心（金品をねだること）をする相手として日本に接近する腹だろうが、〝騙し〟の札付き国家でもある。一杯食わされぬよう、制裁をめぐって米国や韓国との足並みを乱さぬよう、拉致問題の重い扉をどうこじ開けるか。むずかしい交渉になる。

つい3週間前には、日本のほぼ全域を射程に収めるミサイルを日本海に向けて発射している。〈恩をアザで返す〉（恩を仇《あだ》で返す）というパロディーも忘れまい。

（読売新聞2014年4月15日「編集手帳」）

池上　ははは。ここはノーコメントということで。私も多くの人が知っている言葉をパロディにして使うのは大好きです。慣用句や名句というのは、そのまま使うと、ちょっとカッコをつけすぎている感じになってしまうんですよね。例えば、戦後日本の歴史について文章を書いていて、「村山内閣ができた」というくだりがあったとします。社会党から総

理大臣が誕生したのは党にとっては素晴らしいことでしょうが、そのために、今まで社会党が連綿と築いてきた「安保や自衛隊に対する方針」ががらりと変わってしまった。それによって、有権者からの支持を失い、ガタガタと衰退していくわけですが、このことをもって、「一将功成りて万骨枯る」と表現するような場合ですね。確かにカッコいいかもしれない。でも鼻につきますよね。

だから、実際に使うときには、言葉遊びの中で使う。例えば、「人間（じんかん）到る処青山（せいざん）あり」という一節をパロディにして、「人間（にんげん）至る処青山（あおやま）あり」と、わざと間違って読んでみたりする。

本来は、「人が住むところ、どこへ行ったとしても骨を埋めるところはあるんだから、こんな故郷にくすぶってないで遠い世界に出ていけ」という意味なのですが、それを、「人間がたくさんいれば、一人くらい青山さんがいる」とか、「青山（地名）には人間がたくさんいる」といった意味にとって、ふざけて使うわけですね。これは今思いついた単純なダジャレですが、こうしたものであっても、元ネタが漢詩の一節だったりすると、場違いな深みが出たりして、面白い文章になることも多いんです。

ただし、単なる誤用だと受け止められてはいけない。「実は本来の意味は〜だけれど」

と、後からつけ加えないといけませんが。

竹内　そうした「言葉遊び」的なことを積極的に楽しむ感覚は、文章を書く上で大事なことだと思いますね。「言葉への関心」は「文章への関心」につながる。言葉遊びのうまい人は、文章のうまい人が多いですよ。

私はダジャレのストックはないのですが、言葉を言い換える「言い換え用語」のストックは用意しています。備忘録の手帳を開いてみると、「満天下を魅了した」という言葉が書き込んである。そしてその後に、丸括弧して「一世を風靡した」と書いてあるんですね。記憶はないけれど、これはきっと、私が何かの本を読んで「満天下を魅了した」という表現を見て、「ああ、自分はいつも『一世を風靡した』とバカの一つ覚えで書いてきたな」と反省して書き込んだんでしょうね。

手帳から、いくつか拾い出してみます。「筆に難渋する日」（＝執筆がはかどらない日）。「ひとの請判をして」（＝他人の連帯保証人になって）。「表構え」（＝外観）。「思い屈した時」（＝落ち込んだ時）。「仮寓する身」（＝居候）。「薬餌に親しむ」（＝病気になる）。「鬱を散じる」（＝ストレスを発散する）。キリがありませんね。やめておきます。

一つの言葉を覚えたら、それで満足してしまうのではなくて、できるだけ多くの表現を覚える。そして、「どの表現がその場において最適なのか」を考える。これを繰り返すことで文章の腕は上がるような気がします。

「自分」に取材する

池上　若手の学者が、はじめて新書を出すような場合は、タイトルをはじめとして、言いたいことを「言い切る」。そのことをもって、インパクトをつけることがありますよね。やはり思い切って言い切った文章というのは、強いと思うんです。「よくぞ言い切ってくれた」と感じる読者もいると思いますし、専門家が一般向けに書いた本であれば、「普段から自分が考えていたことに、お墨付きを与えてくれた」と思う読者もいる。ただし、全国放送や全国紙など、幅広い読者を想定して発信する場合は、無理に「言い切る」ことが効果を上げることにつながらないこともありますよね。もちろん「言いたいこと」は言う。でも、表現の仕方にゆとりをもたせたり、反対意見を持つ人へ「配慮」を行き届かせたりすることで、多くの読者に受け入れられて、結果として、自分の言いたいことが伝わるということがあると思うんです。

竹内　私の場合は、他の人とはちょっと違うかもしれないけれども、誰かに取材して仕入れた話をもって、「言い切る」ことに多少の抵抗があるんです。

だから、取材した相手が専門家であっても、それを鵜呑みにして、自分の原稿に「言い切る」形で書くことは、ほとんどしません。むしろ、自分自身の見識とか感受性とかに照らして、「これはおかしいな」と感じたり、「これは素晴らしい」と感じた場合は、「私がそう思ってしまったんだから、どこかに不快に思う人もいるかもしれないけれど、書かせてよ」と意思を通す。その場合も、「言い切る」ことはしないなあ。

ブログにしても、社内報にしても、一般の方が文章を書くときは、ほとんどの場合、現場に行って取材したり、専門家に意見を聞きに行けるわけでもない。これは私がコラムを書くときも同じです。原稿を書く時間も限られているので、十分な取材は望むべくもない。

そういうときは、「他人」に取材するのではなくて、「自分」に取材する。

自分に対して、「なあ、お前はどう思う？　あっちが悪いのかね、こっちが悪いのかね」という具合に、聞いてみる。まれに「言い切ってしまう」ケースがあるとすれば、取材相手である「自分の感情」が確固として揺るぎないときですね。

池上　なるほど。そういう意味では、インパクトのある文章を書くにあたっては、「自分は何を主張したいのか」を把握しておくことは欠かせませんね。もう少し踏み込んで言えば、「自分がどうしても譲れないところ」を明確にしておく。そうすることで、特に気負った激しい書き方をしなくても、自然と「ここはこうだ」と言い切ることができる。本当の意味で、力のある文章というのは、そうして生まれるものなのでしょう。

毒舌は名文である

竹内　文章を書いていると、無視できないのが「毒舌家」なんです。もうお亡くなりになりましたが、谷沢永一さんは名うての毒舌家でした。『文豪たちの大喧嘩』という本が、めっぽう面白い。文学論争の歴史をたどった本ですが、本文に出てきた人物を巻末に短文で紹介しているんですね。この毒舌ぶりが楽しいんです。

河上肇　経済学者、京都帝大教授。近代日本屈指の煽動家《アジテーター》である。『貧乏物語』（大正6年）で一躍文名を馳せた。貧しき人びとに対する憐憫と、おのれひとり高しとする傲慢とが同居していた。改造社が各巻書き下ろしの経済学全集を企画するや、第一巻に俺だと主張し、予定されていた先輩で五歳年上の福田徳三を第二巻へ蹴落し、自分は旧著の焼き直しでお茶を濁した。戦後に自叙伝が発表されると、戦時中いろいろ尽

くした人びとをボロンチョンに書いてあった。いくら尽くされてもまだまだ不十分なのである。全集33巻。

（略）

九鬼周造　哲学者。九鬼男爵家に生まれる。実際は男爵夫人初子と岡倉天心の間に生まれた。京都帝大教授。祇園から人力車で大学へ通ったと伝えられる。『「いき」の構造』（岩波文庫）は、江戸時代の美意識である粋《いき》とは、運命によって諦めを得た媚態が意気地の自由に生きることと解した。私には単なる屁理屈と思える。『戯作論』（昭和41年）の中村幸彦は、生涯、九鬼に言及することを避けた模様である。私がこの本は当れりやと聞くと、おだやかに首を振った。全集12巻。

（新潮社刊・谷沢永一著『文豪たちの大喧嘩』より）

なかなか、きついでしょう。この本は読売文学賞をもらっています。選考委員の丸谷才一さんが書かれた選評も傑作でした。

論争は人気がある。そこで論争史がたくさん書かれるわけだが、みな、詰まらない。

甲論乙駁《おつばく》の紹介がもたもたしているし、穏健中正な審判らしく振舞おうとするため、話が朦朧としてくる。ところが谷沢永一さんの本は、引用を排するという新工夫、どちらの肩を持つかを明らかにするという新手で行ったため、事柄がすっきり頭にはいることになった。

この書によって明治文壇の気風も、近代日本文学の論争好きの起源も、論争が下らないものになりがちな事情も、森鷗外が大才にもかかわらず人物としては小さいことも、よくわかる。洞察にみちたおもしろい本。文辞がときどきガラが悪くなるのには閉口するが、鼻をつまんで読めば、近来の好読物。

（『読売新聞』2004年2月1日読売文学賞「研究・翻訳賞」より　筆・丸谷才一）

池上　これは圧倒されますね。まず、谷沢さんですが、「貧しき人びとに対する憐憫と、おのれひとり高しとする傲慢とが同居していた」は、普通に「傲慢だった」と書くよりも厳しいでしょうね。それから「私には単なる屁理屈と思える」というのは、つまり、九鬼周造に対して「お前の理解が浅い」と言い切っているわけですね。

竹内　そうなりますね。批判することはできたとしても、ここまで見事に「一言で切って捨てる」のは、なかなかできることではありません。どうやら名文家でないと、毒舌家は務まらないらしい。

池上　そして、丸谷才一さんも、受賞作についての選評なのに、「鼻をつまんで」読んでますからね。こちらもかなりの毒舌ぶりです。

竹内　丸谷さんの選評は、面白い読み物だと褒めておきながら、あとで手裏剣が飛んでくる。「褒める」と「けなす」を絶妙な塩梅で同じ原稿内に同居させているわけですね。読んだときに、この作者は結局、褒めたいのか、けなしたいのかが、よくわからない。でも、毒の味はしっかりと味わえる。読者にこんな体験をさせる技術が、毒舌の技術なんですね。

池上　ただ批判するだけであれば、そこに「面白さ」は出てこない。毒舌は、実は批判ではないんですね。もちろん悪口でもない。毒舌というのは、あくまで「表現」の技術であって、内容について本当に貶めるということではないんですよ。

だから、毒舌を言うということは、その人についてわざわざ「技術」を使って何か表現するということになるわけですから、そこにはむしろ「リスペクト」がある。毒舌を言う相手というのは、見下したり、悪意を持っているどころか、そこはかとないリスペクトがある。どこかに愛があるんです。

竹内　なるほど、毒舌は愛の産物ですか。もう一つ、谷沢永一さんの文章で、私が好きなものを紹介させてください。谷沢さんが、勲章をもらうこと、あげること、大いに結構じゃないかと論じている文章なんです。

しかし押しなべて褒賞の制度は人の尻を叩いて前へ前へと走らせる。勲何等が欲しい人は目標を遠きにおいて身を慎しむ。人に後指《うしろゆび》さされるような阿漕《あこぎ》な真似はしないであろう。賞が欲しいという慾張り根性がいかに脂ぎっていようとも、卑しい動機が見え見えであろうとも、そのためせっせと社会に奉仕してくれれば、それはそれでまた結構ではないか。所詮、人間は慾の塊《かたまり》である。その慾を世間に役立つよう誘導するのが褒賞の仕組みである。人間性を理屈で罵《ののし》ったり否定したりせず、人間性が美徳に転化するように計る智恵が肝要であろう。

（新潮社刊・谷沢永一著『人間通』より）

池上　「所詮、人間は慾の塊である」ですか。なるほど。実に達観した物の見方ですね。

竹内　達観している。でも、これも形を変えた毒舌の一つだと思うんです。社会に奉仕する〝人徳者〟を、素直に褒めることはしない。人間なんて慾の塊だ。でも、慾に突き動かされた行動だろうと、それで社会がうまく回るならいいじゃないか。慾張りとハサミは使いようだねと、斜めに見ている。

許される毒舌、許されない毒舌

池上　毒蝮三太夫さんは、ラジオの生中継で、全国さまざまなところへ赴いて、毒舌を吐きまくってきたんですね。おじいちゃん、おばあちゃんに向けて、「クソババア」とか「この死に損ないが！」とか言う。普通の人がそんなことを言ったら、これは間違いなく問題になります。でも、毒蝮さんの場合は許されるし、笑いになる。実際、「この死に損ないが！」と言われた当のおじいちゃん、おばあちゃんが喜んで「あははは」と笑うわけですよ。これは、やっぱり毒蝮さんが、目の前にいる高齢者に対して愛があるからだし、それを相手もわかるからなんですよね。

綾小路きみまろさんも同じような芸風ですね。綾小路さんも観客相手にきついことを言う。「何を笑っているんですか。私だって、あなたの顔を見て笑いたいんです」とか、「きれいな方ばかりです、口紅が」とか。でも、そこには愛があるから許される。綾小路さんは、実は私と同い年なのですが、この年になってくると相手もどんどん受け入れてくれるようになる。相手からしても「お互い様よね」という気持ちになりますから。例えば、まだ四〇代でキビキビ動いている芸人が、「まだまだ老け込むには早すぎます。ただ連れ込むには遅すぎます」みたいなことを言っても、綾小路さんが言うほどは笑えないでしょう。毒舌は、言う側と言われる側の微妙な関係性によって、その面白さが変わってくるんですね。

竹内　ビートきよしさんの自伝を読んでいたら、面白い話がありました。きよしさんは山形の出身なんですが、ツービートは山形をバカにしたネタを随分やっていたんですね。たけしさんがきよしさんを指差して「こいつ山形なんです。こいつのお祖父さんは山形県で初めて立って歩いた人です」と言ったり。この山形ネタは、山形県でやるとすごくウケがいいけれども、同じ東北でも別の県でやってもウケないんだそうです。

なんだか陰口を叩いている感じがするのかもしれません。山形出身の男が山形の人の前で、山形をネタにする。これは、みんな山形に愛情を持っているのがわかるから、毒舌に接しても安心して楽しむことができる。でも、ほかの県では、「あれ、これは愛情があるネタなのか、ただのいじめなのか」がよくわからない。そうなると、笑えないということかもしれない。

毒舌は面白いんですけど、使いこなすのは難しい。ちょっと使い方を間違えると、すぐに誰かが怒り出すからなあ。

戯作者の手法

池上　現代の評論の世界で、毒舌の名手と言えば斎藤美奈子さんですね。私は、斎藤さんの『それってどうなの主義』という本の解説を書いているんですが、これはなかなかスリリングな体験でした。

書評の専門家の本を解説するなんて、それこそ「それってどうなの」という突っ込みを自分で入れたくなりますが、こんな恐ろしいことをお受けしたのには、理由があります。

本を書く者にとって、斎藤さんは怖い存在。著者本人ですら気づいていないような本質に迫り、著者の偽善を暴き立てる筆致に、二度と立ち上がれない思いをした人は数知れず。そんな悲惨な現場を見て、「どうか斎藤さんの目に留まりませんように」

と、びくびくしながら本を書いている人は多いはずです。それは私も同じです。

（略）

改めて本書を読み返すと、『朝日新聞』の社説の右往左往ぶりを指摘する斎藤さんの舌鋒には鋭いものがあります。朝日新聞社の壁には、「左右の安全をよく確かめて渡りましょう」という標語がかかっているにちがいない、とまで言うのです。

お見事！

これを読んで、まさか本気にする人はいないでしょうが、実際には、社内にこんな標語はかかっていませんからね。「みんなで渡ればこわくない」という標語がかかっていたような気はするのですが……。

あれっ、待てよ。斎藤さんは、『朝日新聞』の「文芸時評」を担当しているんじゃなかったっけ。その前は、『朝日新聞』の書評委員も務めていたはずだが……。

フリーランスにとって、仕事を発注してくれる企業の批判をするのは、勇気のいること。勇気と無謀は紙一重ですが、ここに、筆一本で立っているという矜持を感じます。いよっ、女らしい！

（略）

などと考えながら読んでいると、おやおや、『週刊文春』や『文學界』の企画をおちょくりながら、『CREA』に原稿を書いたりもしているではありませんか。節操ない、もとい、媒体に媚びることなく、どこにでも自分の文章を書くことができる人なのです。

（略）

斎藤さんの槍玉に上がるのは、チンピラ都知事ばかりではありません。川端康成相手だって容赦がないのです。日本文学を代表すると見られてきた『雪国』も、斎藤さんの手にかかっては、面目まるつぶれ。雪国の山育ちのはずの葉子の言葉づかいを、「麹町《こうじまち》あたりの若奥さんか何かのようだ」と、一刀両断に切り捨てます。

「『雪国』の世界では土地の人たち全員が流暢《りゅうちょう》な東京言葉を話すのである」「小説の語り手の耳には駒子らの言葉が届いていなかった」「島村には（川端にも）駒子も葉子も雪国と同じ景色にすぎず、言葉もただのノイズにすぎなかった……」

ノーベル文学賞作家・川端康成をもバッサリ切れるのは、斎藤さんが、「雪国」の出身であることも一因なのでしょうか。

（文藝春秋刊・斎藤美奈子著『それってどうなの主義』解説より　筆・池上彰）

どうでしょう。解説を読んだだけでも、斎藤美奈子さんが怖い方だというのが伝わるかと思います。

とくに『文章読本さん江』は、読んだことを後悔するような怖い本で、歴代のそうそうたる大作家たちの書いた「文章読本」がすべてバッサリやられています。これを読んでからは、「文章の書き方」のようなテーマでは、本を書けないと思っていたのですが、今回はこんな本を作ることになってしまいました（笑）。

竹内　『文章読本さん江』は、表紙まわりを見ただけで、「これは怖い本だな」と思って読まないようにしていたので、そこは私は大丈夫です（笑）。ただ、今回、『それってどうなの主義』についての池上さんの解説を読んで、私は池上さんこそ「怖いなあ」と思いましたよ。これは、完全に相手の技を使っておちょくっていますよね。まさに「戯作者の手法」を使った毒舌でしょう。ご本人が楽しんで書いているのもわかる。用意周到という感じもする。非常に頭を低く構えていながら、時々ちょっとちょっかいを出して悪さをする、みたいな感じを受けました。

池上　いや、別におちょくろうと思ったわけではないんです。書いているうちに、つい出てきてしまったんですね。一つ出てくると、次から次へと出てくるので、これでも削るのに苦労したくらいです。

　書いた日のことも覚えています。あのときは、テレビ朝日のロケをオランダでして、そのあと日本テレビのロケがデンマークであった。締め切りに追われながら、切羽詰まってデンマークのコペンハーゲンのホテルでこの原稿を書いていたのを覚えています。締め切りはきつかったですが、この本に出てくる作品は過去に読んだことがあるものが多かったので、執筆時間としてはそれほどかからずに、楽しんで書けました。

　もちろん、斎藤さんに対してリスペクトを持っています。そうでなければ、解説の仕事なんて引き受けませんからね。ただ、じゃあ、リスペクトしているからと言って、褒めちぎっても、それはそれで信頼に足る解説にならないと思っているんです。だから私の解説はいつもこんな感じになってしまうんですね。

季節感の出し方

竹内　ちょっとだけ中身の話に踏み込むと、斎藤さんは『雪国』に出てくる女性の言葉遣いについて手厳しく書いていますが、私はそんなにおかしいと思わなかったんです。物語が描かれた当時の新潟県の人は、川端康成が書いたようには話さなかったかもしれないけれど、それが作品のキズになるとは思わなかったですね。

池上　東京人としては、東京の言葉で書いてあると当たり前の言葉として、何の引っかかりもなく受け取ってしまうので、「その点もしっかり考えながら書かなきゃダメでしょう」と指摘するのは、意味がないことだとは思いません。でも、じゃあ小説のセリフは、すべてその時代の、その土地の言葉で書かなくてはいけないのかというと、そういうことではありませんよね。

竹内　そうなってしまうと、日本語で書かれた作品にも翻訳をつけないといけなくなってしまいますからね。

一方で、これは斎藤さんの指摘がもっともだなと思ったのは、次の「季節感」についてちゃんと書きましょうという部分ですね。ここは池上さんも強く同意していますね。

本書には、『新潟日報』に掲載されたエッセイも多く収められています。新潟県人ならではの視点のひとつが、「桜の咲かない入学式」の項目です。

小学校一年生の国語の教科書に、入学式の絵があり、校門脇に「満開の桜」が描かれていたのを見て、「変だなあ」と感じていたというのです。もちろん、新潟で桜が満開になるのは、入学式よりずっと後だからです。

一方、斎藤さんの関西出身の友人にとって、桜は入学式の時にはすでに散っているべき花でした。

「入学式には桜の花」というのは、教科書の編纂者が、「東京の学校の入学式」だと意識せず、「日本の」学校の入学式だと信じていたのではないか、という指摘です。

本当にそうだったのですよ。私がNHKの記者として文部省（現在の文部科学省）を担当していた時のこと。日本の学校は四月入学だが、九月入学も認めていいのではないかというのが有識者会議（正確には臨時教育審議会でしたが）で議論になった時、ある「有識者」が、四月入学の死守を主張して、「入学式は、やっぱり満開の桜の下で行われないと」と発言したのですから。

（文藝春秋刊・斎藤美奈子著『それってどうなの主義』解説より　筆・池上彰）

コラムを書いていても、この「季節感のある話」というのは、扱いが難しいんですよね。どう書いていても、どこかの地域の人からは「こんなことはない」と言われてしまう。

池上　梅雨の話を書くにしても、梅雨のない北海道の人にはピンとこなかったりする。雨を「恵みの雨」だと考えている地域の人もいれば、雨をただ「嫌なものだ」と考えている地域の人もいるわけです。その中で、どういう表現をするか。やっぱり知識と工夫が求められるところなんですね。

テレビでも、気をつけなければいけないことがいくつかありました。例えば、八月の末になると、つい「夏休みもそろそろ終わりです」と言ってしまいがちなんです。でも東北や北海道など寒い地域では、八月二〇日ぐらいからもう新学期が始まっている。夏休みが短い分、冬休みが長いわけですね。長野県では、夏休みが短い分、一〇月の稲刈りの時期に「稲刈り休み」が入ったりする。こういうことを地方勤務を通して知っていたりすると、「八月の終わり。もう新学期が始まっているところもありますが、多くの学校では間もなく夏休みが終わりですね」という言い方をする。

東京に生まれて東京で育っている人たちは、八月二五日ぐらいになるとどうしても「間もなく夏休みも終わりです」と言いたくなる。それはわかります。でもそれでは、視聴者への気配りが足りないという話になる。もちろん限界はありますが、全国の人が見ているとわかっているのであれば、できるかぎり、どの地域の人にも共感してもらえるような話し方を心がけるべきだと思います。これは文章を書く場合でも変わりません。

竹内　私の書いている朝刊のコラムも、北海道から沖縄まで通しで載ってますから、それなりに気を遣います。例えば、入学式と桜を組み合わせた話を書くとすれば、「多くの学校では」といった前書きは入れるでしょうね。それでも、正直、桜の「さ」の字もない地方の人からすると、違和感はあるだろうと思いますけれども。一方で、北海道からお嫁に行って九州に住んでいる人もいるでしょうし、反対に、九州に住んでいる人の中には東京で学生時代を過ごした人もいるでしょう。「まあ、まったく何が書いてあるのかわからない」ということはあるまい、などと、ついつい言い訳も考えてしまいます。

池上　私も、原稿を書いているときは、常に言い訳を考えています。その上、それでもつけ込まれたらどうしようと、心配しながら書いている。

竹内　どうしても防御本能は働きますよね。文章で世渡りをしていれば、ごちゃごちゃ言われるのも商売のうちですが、批判されるのは嫌なものです。申し開きが通ったとしても、後味は悪い。

池上　本当に悩ましいところです。そういう難しさがあるからこそ、私は『選択』にも原稿を書くし、斎藤美奈子さんの本の解説も書いているんです。もちろん冗談ですけれど。

自分の文章は、時間を置いてから読み直す

竹内　さきほど取り上げていただいた「入社案内」の原稿は、過去五年間ぐらいに書いた原稿の中でも一番と言えるほど、腕によりをかけて書いた原稿なんです。二週間くらい時間もかけたと思います。でも、いま読み返すと、やっぱり傷が見えてくる。もう少しうまく書けたなあと思う。

そもそもこの原稿は読者に「笑って欲しい原稿」なんです。「笑って欲しい原稿」というのは、淡々と書かなければいけないんですね。もちろん、それは書いた当時もわかっていたんですけれども、誘拐事件のくだりなどは「笑い」を取りにいっている。

誘拐事件が起きた。遺体が見つかり、やがて容疑者が捕まった。読売は特報を連発し、長野支局はのちに局長賞をもらうのだが、僕は栄誉と関係のないところで話題の人物になった。事件のさなか、社有車を運転していてトラックと衝突したのである。幸運にも傷ひとつ負わなかったが、車は大破と中破の中間程度に壊れた。支局長が悲しそうな顔で本社に始末書を書いた。当時の仲間が集まると事件の話になる。誰々が

あの特ダネを書いた。誰々の夜討ちが功を奏した。「そうそう、竹内が『やりました！』って叫びながら支局に飛び込んできてさ」「どんな大ネタをやりましたかと思えば…ハハハ」。三振3。

（読売新聞「入社案内」筆・竹内政明「大きな声では言えない」より）

笑い欲しさ、もの欲しさが滲み出ていますね。これはちょっといただけないですね。それから後半部分（八十五ページ）では、細かなところでいうと、「満身創痍になってでも続けたいほど、新聞づくりは面白い仕事なのか」のところも、「傷だらけになってでも続けたいほど……」と、四字熟語を避けて、もう少し柔らかく書けばよかった。

改善点というのは、いくらでも出てくるものなんですね。何回も読んで、何回も直した原稿であっても、時間を置いてから読み直してみると、直したいところが出てくる。私が名文家ではない証拠です。自慢することではないけれど。

池上　自分の書いた文章を客観的に読み直すというのは、なかなか難しいことですよね。自分で書いた文章を読み直してみても、どこがまずいのかまったく見えてこない。そこで、竹内さんが今おっしゃったように、「時間を置く」というのが大事になるんですよね。私の場合は、時間を置いた上に、紙に「プリントアウト」をするか、出版社に「ゲラ」の形にしてもらってから読み直します。いつも書いているパソコンの画面のまま、読み直しても、どうしても客観的になることができないんです。誤字脱字も気がつかない。だから、締め切りが短い日々のコラムではできないことですが、書籍の企画やちょっとした長文の原稿依頼の場合は、書き終わった後に、一週間くらいは寝かせて、それからプリントアウトして読み直すようにしています。

竹内　ヘミングウェイの死んだあと、家族が彼のトランクを調べると、未発表の原稿がたくさん出てきた。作品を発表する前に、トランクの中で原稿を寝かせていたんですね。彼のような文章家にして、自分を客観視するためには、時間を置いていたということです。原稿を書いているときというのは、どんなに冷静なつもりでも、やっぱり興奮しているんですね。冷却期間が必要です。

池上　仕事で文章を書いているのであれば、デスクが文章を修正してくれたり、編集者や校閲者がおかしなところにチェックを入れてくれたりするのですが、一般の人は自分で直すしかない。その場合は、何について書いたのかは覚えていても、「あれ、あのへんはどう書いたっけな」と細かな表現については忘れているくらい時間を空けてから読み直してみるといいと思います。

これは、いわゆる作品としての文章に限りませんね。例えば、メールの文章も、もしそれが重要なメールであれば、書いてからすぐには送らないほうがいいと思います。ちょっとだけ間を置いて読み直す。ビジネスのためのメールで、たとえ、急がなければいけない場合でも、書き終わったところで、一度トイレに行くとか、コーヒーを飲むとか、一服するとか、一拍置く。そしてもう一度読み直してみる。それだけでも、ずいぶんと表現が洗練されるはずです。

竹内　手紙もそうで、どんなに気をつけて書いても、ポストに入れた瞬間に「ああ、あそこはこう書けばよかった」と後悔するでしょう。そういうものです。最初から完璧なものは作れない。時間を置いて読み直すことで、少しはマシなものが書けるようになるんだと思いますね。

第三章

名文でリズムを学ぶ

名文を「書き写す」意味

池上　竹内さんは、昔から、いい文章を見つけては、それを書き写してきたとお聞きしました。

竹内　いまも続けています。二日に一度くらいのペースで、『井上靖全詩集』に収録されている『北国』という詩集の一部分をノートに書き写しています。第二章でも紹介した「海辺」も『北国』に収録されている詩の一つです。「不在」という詩もあります。

音信不通になってから七年になるが、実はその間に一度、私は汽車にゆられ、船にのり、その人を訪ねて行った。が、その人は学校の父兄会に出掛けて不在だった。私は黙って気付かれぬようにしてまた帰ってきた。

神の打った終止符を、私はいつも、悲しみというよりむしろ讃歎の念をもって思い出す。不在というそのささやかな運命の断層に、近代的神話の香気を放ったのは誰の仕業であろうか。実際、私の不逞貪婪《ふていどんらん》な視線を受ける代りに、その人は、窓越しに青葉の茂りの見える放課後の静かな教室で、躾けと教育についてこの世で女の持つ最も清純な会話を持っていたのだ。

（新潮社刊・井上靖著『井上靖全詩集』所収「不在」より）

過去の出会いも、別れも、相手の身の上も、何ひとつ語られていない。それでいて、「窓越しに青葉の茂りの見える……」という一見、不要と思える想像の風景は描かれている。でも、この描写があるおかげで、文章は濃い緑の〝色彩〟をまとった。何を省略し、何を詳述するか。この詩を書き写すたびに考えさせられます。

この『北国』に関しては、頭からお尻まで三〇回くらいは書き写したと思いますね。少しずつでいいんです。ただ、ずっと続けることと、同じところを何度も書き写すことが大事なんだろうと思って取り組んでいます。

池上　スポーツ選手のトレーニングと、考え方が似ていますね。王貞治選手やイチロー選手はホームラン王になっても、首位打者になっても、練習を欠かさない。毎日、素振りをしたり、身体の手入れを欠かさない。「文章を書く」ということも、同じですよね。うまくなりたいのであれば、練習を続けるしかない。

竹内　王さんと比べられると困ってしまうのですが、同じ文章を繰り返し書き写せば書き写すほど、「いい発見」が出てくるんですね。

読むだけなら、すっ飛ばしても読めないことはありませんが、書き写すとなると、一字一句追っていくことになる。まずこれが文章修練には効きますね。名文を一字一句追ってみると、自分がいかに手抜きをして書いていたかを思い知らされる。

何度も何度も同じ箇所を書き写していると、ふと元の文章を見ないのに、先が書けてしまうときがあるんです。けっして「丸暗記」しているわけではないのに、「この流れであれば、こうなるだろう」というのが自然と見えて、筆が勝手に動いてしまうときがくる。ただ、元の文章を確認してみると、ほとんどの場合は、「元の文章とは違う自分の文章」を書いてしまっているんですよね。それでいいんです。別に試験勉強をしているわけではないんですから。元の文と照らし合わせてみると、「ああ、ここは動詞で書いてしまったけど、元の文章は体言止めにしていたんだ」と気づく。これが大事なんです。

ここまできて初めて、この作家がどんな工夫をして文章を書いていたかということや、自分のクセが浮き上がって見えてくるわけですね。なんとなく、人の文章を読んだり、自分で書いたりしていても、こうした「発見」は難しい。

池上　私は、島根県の松江で警察担当をしていた新人時代から、四〇年間、原稿を書き続けてきましたが、「書き写す」ことこそ最高の文章鍛錬だ、とつくづく感じています。

一つエピソードを紹介させてください。新人時代、島根県警記者クラブにいる私が電話原稿を読み上げる。それを聞いたアルバイトが、私の文章をそのまま筆記します。その原稿をデスクが直す。アナウンサーが放送中に読むのは、その「直された原稿」なんですね。

ただ私としては、「これを続けていては原稿がうまくならない」と危機感をもったんです。まず、自分の原稿のどこがどう直されたのかがわからない。自分の話した原稿を一字一句すべて覚えているわけではありませんから、放送を見ても、どう直されたのかがわからない。つまり、改善のしようがないわけです。「これではまずい」と思った私がしたのは、三つの原稿を「書き写す」ことだったんです。

一つ目は、デスクが赤を入れた原稿です。夜中にこっそり会社に行って、デスクが赤を入れた原稿を持ち出して、直された原稿を書き写しました。

二つ目は、県庁を担当している大ベテラン記者が書いた原稿です。社内に無造作に置かれた原稿を見て、こっそり書き写していました。

そして、三つ目が、全国版のニュースの原稿です。当時は夜一〇時にラジオの全国ニュースがありました。このラジオニュースをテープに録音して、それを再生しながら書き写していました。松江にいると島根県のニュースは入ってきますが、全国版のニュースに接する機会が限られてしまうんです。当時の私は、政治部や経済部や社会部の東京の記者が書いている文章は少なくとも自分よりはうまいだろうと考えたんですね。必死に書き写していた思い出があります。

どの文章が効果的だったのかはわかりません。ただ、とにかく文章を書き写しているうちに、「こういう場合はこう書けば、読者に伝わるんだな」といったコツがなんとなくつかめてくる。これが基本だと思うんです。読んだ人が唸るようなカッコいい名文はもちろん、「人に伝わる文」というのも、いきなり書けるものではないんです。

ただ、面白いことに、こうした「人に伝わる文」の基本がつかめてくると、今度は自然と「自分の文章」も書けるようになってくるんですね。「自分の文章」「自分の文体」を作るために特別な練習をしたわけではないけれども、ある段階にくると、自分なりのリズムが出てくる。

文章を書く人は、「自分の文体」みたいなものにこだわってしまいがちだと思います。その気持ちはわからなくもない。でも、実際のところは、「自分の文体」というのは自分から求めて見つけるものというよりも、文章の基礎ができたときに、自然と身についているもののように思いますね。

子どもの頃に、習字教室に通っていた人はわかると思いますが、まずは、「お手本通り」に書く練習をする。それをとにかく繰り返す。ずっと繰り返しているだけで、いつのまにか、「自分なりの文字」が書けるようになっている。それと似ている気がします。

「リズム」を身体になじませる

竹内　「書き写しなさい」と言われると、「丸暗記しなければいけないのか」と構えてしまって憂鬱になる人がいると思いますが、丸暗記するわけではないんですね。あくまで、「リズムをつかむ」というか、自分の身体にリズムをなじませるために、書き写すんです。

私は中島敦の『山月記』が好きで、これも昔からよく書き写しているんです。漢語や文語の混じった文はリズムがいい。新聞紙面では基本的に文語表現は使わないのですが、「あまつさえ」なんて言葉は使ってしまいますね。「おまけに」と書くよりも、「あまつさえ」と書いたほうがリズムのいいときがある。

島崎藤村の「千曲川旅情の歌」に見られるような七五調も、私の身体に沁みついている感じがします。

小諸なる古城のほとり
雲白く遊子《ゆうし》悲しむ
緑なす蘩蔞《はこべ》は萌えず
若草も藉《し》くによしなし
しろがねの衾《ふすま》の岡辺
日に溶けて淡雪《あわゆき》流る
（略）
昨日またかくてありけり
今日もまたかくてありなむ
この命なにを齷齪《あくせく》
明日をのみ思ひわづらふ

（岩波書店刊・島崎藤村著『藤村詩抄』所収「千曲川旅情の歌」より）

こういうリズムの取り方が、自分の原稿を書いていても、ポロリと出てくる。島崎藤村という人物はあまり好きではないけれど、こと詩に限れば脱帽ですね。「暗記した言い回し」よりも、実際の原稿に役に立っているのは、こうしたリズム感のような気がします。

池上　身体にリズムを刻み込むこと。名文と接する意味は、ここに尽きるのかもしれません。

いづれの御時にか。女御・更衣あまたさぶらひ給《たま》ひけるなかに、いと、やむごとなき際《きは》にはあらぬが、すぐれて時めき給ふありけり。

（岩波書店刊・山岸徳平著『日本古典文学大系14　源氏物語　一』より）

これは、私が中学生の頃に覚えた源氏物語の書き出しです。今でもたまに口ずさむのですが、これも自分の中で「文章を書くリズムが狂っていないか」を確認するために口ずさんでいるんです。

それから、私はロバート・ブラウニングの詩を上田敏が訳した「春の朝」が好きなんです。この文章もリズムが本当に素晴らしいと思うんです。

時は春、
日は朝《あした》、
朝は七時、
片岡に露みちて、
揚雲雀《あげひばり》なのりいで、
蝸牛《かたつむり》枝に這ひ、
神、そらに知ろしめす。
すべて世は事も無し。

（岩波書店刊・上田敏著『上田敏全訳詩集』所収「春の朝」より）

竹内　私も上田敏は好きです。敏の訳では、「秋の歌」が歌詞としても使われていますが、他の作品も自然にメロディに乗っているように読めてしまうんですね。新聞のコラムには、あまり平和な日がないから、「すべて世は事も無し」とはなかなかいかないけれども、いつか引いてみたいなと思いながら読んでいます。

池上　漢詩で言えば、李白の「静夜思《せいやし》」が好きですね。「頭《こうべ》を挙げて山月を望み」と「頭を低《た》れて故郷を思う」が絶妙の連なりになっている。上を見て、下を向く。漢詩は、こうした対比のリズムもよく使われていますね。

牀前《しょうぜん》　月光を看《み》る
疑うらくは是《こ》れ地上の霜かと
頭を挙げて山月を望み
頭を低《た》れて故郷を思う

（朝日新聞社刊・高木正一著『唐詩選下』所収「静夜思」より）

こうしたリズムを体得するには、「書き写す」のもいいですが、「声に出して読む」のも、効果的だと思います。いくら上田敏の訳がうまいからといって、メロディをつけて歌う必要はありませんし、アナウンサーになるための練習ではないので、「いい声」で読む必要はありません。でも、文章が持つ「リズム」を感じるために、とにかく「声に出して読む」ことには意味がある。

竹内　「声に出して読む」ことはしないまでも、口の中でつぶやいてみる。「音読する」ことでリズムを身体に刻みつける。文章上達の秘訣だと思います。

池上　実は私の『伝える力』（ＰＨＰビジネス新書）は、書いた後、最初から最後まで音読したのです。丸二日かかりましたが、読む途中でひっかかるところが出てくる。そこがダメな文章であることがわかるのです。齋藤孝先生が『声に出して読みたい日本語』で、世の中に問いかけたことというのは、やっぱり正しいことだったんですよね。

「お勉強」では続かない

竹内　書き写す作業は、リズムの獲得だけではなくて、「言い回し」の引き出しを増やすのにも役立ちます。

　ただ、いくら名文といっても、そのまま使えることは滅多にない。「春眠暁を覚えず」という言葉を覚えていても、原稿にそのまま「春、春眠暁を覚えず」を用いたら、「陳腐だ」と思われるか、「鼻持ちならない」と思われるかのどちらかです。

池上　「春暁」の中から、原稿に応用しやすい言葉を挙げるとすれば、「春眠暁を覚えず」よりも、「夜来《やらい》　風雨の声」のほうですよね。「春暁」はこんな詩でした。

春眠　暁を覚えず
処処　啼鳥《ていちょう》を聞く
夜来　風雨の声
花落つること多少なるを知らんや
（朝日新聞社刊・高木正一著『唐詩選 上』所収「春暁」より）

昭和天皇が亡くなった日、昼のNHKニュースで宮内庁からリポートしました。あの一月七日は未明から雨が降っていました。天皇が危篤になって、亡くなったという報が入った前後に、雨が上がったんです。それで、私はリポート原稿に「夜来の雨が上がり」と書いたんですね。そうしたら、デスクが「なんだこれは」と削ろうとした。「いや、これは残してください」と激しく抵抗したことを覚えています。

竹内　いわゆる名文には「使える表現」が隠れている。でも、それがどこなのかは、一読しただけでは、なかなかわからない。そのまま使っていいのか、料理をしてから使ったほうがいいのかも、わからない。何度も書き写して、自分の身体の中に刻み込んで、いつでも使えるようにしておくしかないんです。

李白の「黄鶴楼《こうかくろう》に孟浩然《もうこうねん》の広陵に之《ゆ》くを送る」の中にある「孤帆《こはん》の遠影　碧空《へきくう》に尽き」という文句が私は大好きなんです。でも、これはそのまま使える言葉ではない。それじゃあ、「書き写す意味なんてないのか」と言えば、そんなことはないんです。

故人　西のかた黄鶴楼を辞し
煙花　三月　揚州に下る
孤帆《こはん》の遠影　碧空《へきくう》に尽き
唯《た》だ見る　長江の天際《てんさい》に流るるを

(朝日新聞社刊・高木正一著『唐詩選 下』所収「黄鶴楼に孟浩然の広陵に之くを送る」より)

この「孤帆の遠影　碧空に尽き」という言葉が、自分の身体に沁みつくと、例えば、「遠い」という普通の言葉を使うときにも、「孤帆の遠影」という言葉を頭のどこかでイメージしながら使うことができるようになる。私の場合は「遠い」という言葉がいつも「孤帆の遠影」とセットになっていて、条件反射のように青春期のあれこれが浮かんできます。

「遠い」という言葉から、「ただ距離が遠い」意味しか引き出せない人と、時間の遠さをも引き出せる人とでは、出来上がる文章の奥行きが違ってくるはずです。

私の愛誦する漢詩に「涼州詞」があります。もちろんリズムがいいのですが、まあ、私が左党だからでしょうね。職人は右手に槌《つち》を、左手に鑿《のみ》を持ちます。ノミ手、すなわち左党。読売新聞の「入社案内」でも、「いつか、ゆっくり酒でも飲もう」と最後の締めに酒を使いました。私の場合は「酒」ですが、愛用の小道具は、持っていて損はありません。

葡萄の美酒　夜光の杯《はい》
飲まんと欲して琵琶　馬上に催《うなが》す
酔って沙場《さじょう》に臥す　君《きみ》笑うこと莫《な》かれ
古来征戦　幾人か回《かえ》る

（朝日新聞社刊・高木正一著『唐詩選上』所収「涼州詞」より）

友よ、酔いつぶれても笑ってくれるな。古来、戦場に赴いて、いったい何人が再び故郷の土を踏んだというのだ。

池上　漢詩は、「酒」を本当にうまく使いますよね。王維の「渭城《いじょう》の曲」もいいですよね。「まあ、とにかくもう一杯飲もうぜ、ここから先は知り合いもいないんだからさ」と言っているだけなんですが、なんとも言えない趣がある。

渭城の朝雨《ちょうう》　軽塵《けいじん》を浥《うる》おす
客舎《かくしゃ》　青青《せいせい》として　柳色《りゅうしょく》　新たなり
君に勧む　更に尽せ　一杯の酒
西のかた　陽関《ようかん》を出ずれば故人無からん
（朝日新聞社刊・村上哲見著『三体詩　上』所収「元二の安西に使するを送る」より）

竹内　こうした漢詩や文語文を使って、文章力向上に役立てる場合の注意点は、とにかく読むのを「楽しむ」ことだと思うんです。「お勉強」になってしまうと、どうしても続かない。続けないと意味がない。

とにかく「酒」でもなんでもいいので、自分に引っかかるものが書いてある文を探してきて、それを楽しみながらたくさん読む。そして、リズムを身につける。覚えるというより、自然に言葉やリズムが出てきてしまうまで「親しむ」。

そのあとで、気に入った言い回しを見つけたら、メモをしておく。例えば、「亡くてぞ人は恋しかりける」という文章が気に入ったのであれば、「いつか使ってやろう」と思って、メモをする。そして、できる限り使う。使う場面がなければ、その文章を使うようなテーマを無理やり選んでしまう。一度使うと、もう一生忘れません。「自分の言葉」になるんですね。

家具を買い足す感覚で好きな言葉を集める

竹内　そして、気に入った言葉を一つでも原稿に入れるなり、入れないまでも頭に浮かべて文章を書くようになると、その部分だけでなくて、文章全体をちょっと洒落たものにしないといけない気がしてくるんです。

テーブルクロスだけが豪華で、カーテンも絨毯も貧相な家には住みたくないですよね。せっかくテーブルクロスを新調したのであれば、それに合ったカーテンや絨毯を揃えたくなる。

文章も同じです。

いい言葉を一つでも仕入れると、その前後がいかにも駄文というのは、具合が悪く感じられる。一つのいい言葉を活かすために、他の部分の表現も自然と工夫するようになる。こうして文章全体のレベルが上がっていくんです。

何か事件が起きて、「もし、あの人が今でも健在だったならば、何かをしてくれたに違いない。死んでしまったのが惜しまれる」といった話を書きたいときが、よくあります。例えば、頼りになった検事総長が亡くなったあとに、巨悪による疑獄事件が世間を騒がせた場合などがそうですね。

そのときに、「あの人が今も健在であったならばと思う」と普通に書くのなら、それはそれでいいでしょう。でも、「その人が世にありせばの思いを深くする」と書けば、雰囲気が違ってくる。文章の手触りがちょっとだけ贅沢になる。もちろんそれが「いらない工夫」になる場合もあります。「何カッコつけてるんだ」と読者に思われて、逆効果になると思えば、そのときは普通に書けばいい。

誰かが亡くなったとします。いつも自分はその人のことを批判してきたけれど、死なれてみるとちょっと寂しい。そのとき、さりげなく「亡くてぞ人は恋しかりける」といった表現を原稿に混ぜる。「悪口を書いてきたけど、寂しいよ」というのを、品良く表現できますよね。上品なテーブルクロスです。こうなると、もう周辺に下品な家具は置けない。他の部分も工夫を凝らせばいいんです。

池上　なるほど。そのたとえは、とてもわかりやすいですね。名文を身につけたことで発想できるようになった「いい言葉」は、豪華なテーブルクロスであると。その豪華なテーブルクロスが手に入ると、部屋全体を洒落たものにしようと、これまで見向きもしなかったカーテンや絨毯にも「気を遣う」ようになる。それが全体の質の向上につながるわけですね。

もっと言えば、カーテンや絨毯が貧相だと、豪華なテーブルクロスが「借り物」だという風に見えてしまう。実際は「自分のもの」だとしても、「これ誰から借りたの?」「どこから持ってきたの?」と思われてしまう。もし、「これは自分のものだ」と言いたいのであれば、豪華なテーブルクロスが浮かないように、周りを調えていかなければならないと。

うーん、まさにこれこそ、竹内式名文講座の肝のように思います。

「事実の積み重ね」で内面を描く

竹内　もう何度も登場願った井上靖の文章の特徴を挙げると、事実、事実、事実を積み重ねているところだと思います。それが味気ないものになっていない。それどころか、事実の積み上げによって、人の内面がくっきりと浮き出るように書かれているんです。「しつこいなあ」と思われるところを辛抱して、もう一度、「海辺」を紹介させてください。

土地の中学生の一団と、これは避暑に来ているらしい都会の学生の一団とが擦れ違った。海辺は大方の涼み客も引揚げ、暗い海面からの波の音が急に高く耳についてくる頃であった。擦れ違った、とただそれだけの理由で、彼らは忽ち入り乱れて決闘を開始した。驚くべきこの敵意の繊細さ。浜明りの淡い照明の中でバンドが円を描き、帽子がとび、小石が降った。三つの影が倒れたが、また起き上がった。そして星屑のような何かひどく贅沢なものを一面に撒きちらし、一群の狼藉者どもは乱れた体型のまま、松林の方へ駆けぬけて行った。すべては三分とはかからなかった。青春無頼の演じた無意味にして無益なる闘争の眩しさ。やがて海辺はまたもとの静けさにかえった。私は次第に深まりゆく悲哀の念に打たれながら、その夜ほど遠い青春への嫉妬を烈しく感じたことはなかった。

（新潮社刊・井上靖著『井上靖全詩集』所収「海辺」より）

この詩のかなわないところは、作者の感情というか、内面を表現しているのが、「驚くべきこの敵意の繊細さ」「悲哀の念に打たれながら」それから「嫉妬を烈しく感じた」の三カ所しかないところです。にもかかわらず、「遠い青春への嫉妬」が、迫るように伝わってくる。

版画でも、「こういう絵柄を描こう」と張り切って全部彫ってしまうと、印刷した後、何も浮き上がってきませんよね。彫りすぎると何も彫らなかったのと一緒になってしまう。だから、余計なところは彫らないように、ぐっと我慢する。掘るべきところだけを、表現を凝らして掘る。これは文章も同じなんです。

基本的には、淡々と事実だけ書いていく。そして、「ここぞ」というところだけ、アイデアとテクニックを駆使して表現する。「文章というのはこうやって書くもんだ」と教わったのが、この文章でした。

池上　「敵意の繊細さ」という表現は、すごいですよね。思わず声に出して読んでしまいました。

本来はつながらない言葉をつなげる工夫をすることで、文章の強度を増している気がします。「敵意」という言葉に対して、「繊細」という形容は、普通は用いない。ただ、こうしてポンと目の前に出されると、「確かにそういう感じもある」と腑に落ちてしまう。「星屑のような何かひどく贅沢なもの」という表現も、普通はつながらない言葉と言葉をつなげることで、読む人間の心をつかんできますよね。「無意味にして無益なる闘争」という表現については、そのまま一般的にも使う言葉の使い方ですが、そこから「の眩しさ」につなげているのは、驚かされます。どれもありきたりの文章ではないけれども、いざ読まされると納得させられる。新しい文章表現というのは、こうして世の中に生み出されていくんだということを思い知らされますね。

「体言止め」でリズムを整える

竹内　もう少し具体的な話をすると、体言止めの使い方がまた絶妙なんです。

この「海辺」という詩では、「……敵意の繊細さ。」と「……闘争の眩しさ。」の二カ所で使っています。使う回数は少ない。「ここぞ」というときに使うんですね。

新聞に掲載する文章は、記事でもコラムでも、字数が限られていることと、動詞や語尾を考えなくてよいのでラクだということで、体言止めが目立つ傾向にあります。日本語は、同じ語尾が続くと、リズムが悪くなる。だから、例えば、筆者が「こうだ！」と言い切れない文が続くときにも、「〜かもしれない」を続けるのではなくて、「〜だろう」とか「〜と聞く」とか「〜と言われている」とか、さまざまな表現をひねり出していかなければいけないんです。でも、体言止めを使えば、その手間を省略できる。語尾で悩まずに済む。一種の思考停止ですね。

池上　例えば、今日の産経新聞の一面をざっと見てみただけでも、「……政府は平成28年度第二次予算案を編成。」「……政府は2年で1％超押し上げるとの試算を発表。」などど体言止めだらけになっています。確かにラクに書けるのかもしれませんが、こういう文章には、どこか品がない。下品とまでは言わないけど、少なくとも深みがない。「新聞記事は、情報だけを伝えればいい」というのは、手抜きです。もっと厳しく言えば、「読者に読んでもらう工夫をしなくても、読んでもらえるだろう」と考えている点では、傲慢とも言えますよね。

ただ、「体言止め」というのは、「使ってはいけないもの」でもないんですよね。新人記者の時代に読んだ文章術の本に、「体言止めを使ってはいけない」と書いてあって、ある時期まで必死に守っていたんです。でも最近はまさに「ここぞ」というときには、使うようにしています。文章のリズムを整えるために、体言止めはやっぱり有効なんです。

竹内　音楽でいうと「転調」のきっかけを作れるんですね。井上靖の文章でも、「～擦れ違った」「～であった」「～開始した」という一定のリズムで進んできた文章が、「纖細さ。」というところで、一旦ブツリと切れる。一般的には、文章はスラスラ読めるほうがいいと思われがちですが、もう一歩踏み込んだ表現をしようと思うと、この「切る」ことが必要になるときもあります。

池上　よくわかります。この文章はまさに、その辺りをとても意識して書かれたものですよね。「擦れ違った」「であった」「開始した」と、語尾をあえて「た、た、た」と続けていく。普通は、このように同じような語尾が続くのは避けたほうがいいわけですが、あえて続ける。そして、読者がちょっと単調さに対して気になるようになったところで、いきなり「纖細さ。」と体言止めがきて、リズムをがらりと変える。そして、今度は「小石が降った」「起き上がった」「駆けぬけて行った」と、「た、た、た」を再び続ける。そしてまたそのリズムに読者が飽きそうになったタイミングで、「眩しさ。」という体言止めを入れて、また転調させる。

この文章は、内容的に考えても、三つの塊りから構成されています。「戦いが始まった」という話と、「それがどのような戦いだったのか」という話と、「みんないなくなってしまった」という話の、三つの話から作られている。そして、話の切れ目ごとに、体言止めを使っているわけです。こうすることで、読者はリズムの面からも、内容が「変わった」ことを自然と受け入れることができるんですね。

映画的な工夫

竹内　それから、この文章では「殴る」「蹴る」という動詞が一度も使われていないんです。これは、ちょっと真似できない。普通は、決闘や喧嘩の場面を描写しようとすると、どうしても「殴る」や「蹴る」という動詞を使ってしまうものだと思いますが、それをしない。「バンドが円を描き、帽子がとび、小石が降った」というように、陳腐な言葉を使わずに、独りよがりにもならずに、そこで起きた出来事をまるで画面で見ているかのように伝える。

池上　うまい文章というのは、読んでいるだけで、その場面が目の前に立ち上がってくるように感じるわけですが、この文章はそれだけではないんですね。映画的な工夫がなされていると言いますか、ただ単に読者の目の前に映像を見せるのではなくて、「工夫されたた映像が立ち上がる」ようにしている。つまり、「決闘をしている」場面を描く場合に、人間同士が殴りあったり、蹴り飛ばしあっている絵で伝えようとしない。夕方の暗い海辺を描く。乱闘自体を描くのではなくて、乱闘の中でベルトや帽子がぴゅーっと飛んで、小石がぱらぱらっと空に舞ったところを描く。それによって、むしろ鮮明に乱闘の様子が目に浮かぶようになるんですよね。

竹内　難しい言葉も使わずに、あっさり書いているようで、非常に技巧が凝らされている文章。こういうのを読むと、心底「かなわないな」と思いますね。この本の冒頭では、「読者のみなさんが書くのが嫌にならないような本にしたい」と偉そうな話をしましたが、私自身が書くのがちょっと嫌になってしまうくらいです（笑）。

池上　本当にうまい文章というのは、「技巧が凝らされている」ということを、読者に気づかれないんですよね。井上靖の文章も、こうして分析しながら読むと、さまざまな工夫が浮かび上がってきますが、一人の読者として読んでいくときには気がつかない。ただ「あっ、なんだか読んでいて気持ちがいいな」と思うだけなんです。「いかにも名文を書いてみました」ということが主張されている美文調でゴテゴテと装飾を施した文章というのは、名文とは言えませんよね。

ただ、率直に言って、この文章は、「一般の方が真似をするための参考資料」としては高度過ぎると思います。プロであっても、こういう文章はなかなか書けるものではありません。

それでは、「いい文章が書けるようになりたい」という人は、こうした名文を読むことに意味がないのか、というと、そういうわけでもないんです。文章の執筆には、「書く力」だけではなくて、「読む力」もとても重要になってくる。プロであっても、アマチュアであっても、文章を書く人というのは、自分の文章を書きながら、同時に、自分の文章を読んでいるわけですからね。そのときに、「読む力」があれば、より綿密な推敲ができるようになる。だから、名文を読むことで、「この文章のどこがうまいのか」「どのような技巧が凝らされているのか」を考えてみるのは、大切なことだと思います。

竹内　文章を書く「いろは」があるとして、その「い」のところは、「書く」ことではなくて、「自分が興味を持って読み続けられる良い文章を見つける」ことかもしれませんね。

第四章
悪文退治

悪文の見本

竹内　これは随分昔に出た江國滋さんのエッセー集ですけど、「こんなひどい文章があった」というのを紹介しているんです。まさに悪文の見本のような文章が並んでいる。お仕置きのつもりはありませんが、我が身への戒めとしてここで紹介してもいいだろうと思って持ってきました。ちょっと読んでみてください。

悪文のうまい職種というものがある。

悪文のうまい、というのは妙な表現だが、よくまあこれだけの悪文を書けるもんだ、と感心するような文章を、平気で書き綴ってやまない職業人がいることは事実であって、私の目には、悪文がうまい、とうつる。

一に裁判官、二に学者、三に新聞記者。

ただし、〝悪文〟の性質はそれぞれにちがっている。実例を挙げよ、といわれたら、十例や二十例はたちどころにお目にかけることも可能だが、残念ながら紙数が尽きた。きわめつきの、ほんの一例だけ——

「犯罪は資本主義社会——および他のすべての生産手段の私的所有に立脚した社会秩序——においては、社会のこの社会経済的基本構造によって、この社会形態における社会的行動の基本類型や基本範型に適合する。／反社会的行為の研究のための指導的方法として用いるべき基本的な考え方は、『過去の残滓』の概念に社会主義が不健全な遺産として抑止することを強いられているすべてのものを包含させることである」（『社会主義刑事学』／E・ブーフホルツ他著／横山晃一郎他訳）

赤飯にゴマをまいたような傍点は、お断りしておくが、原著のままである。

（新潮社刊・江國滋著『日本語八ツ当り』より）

池上　これは、もうツッコミどころが多すぎます。その意味ですごいですね。元々の文章が悪かったのか、翻訳が悪かったのか。あるいはその両方が悪かったのか。

竹内　原文も達意の文章ではなかったのだと思いますが、日本語に直すときに、翻訳家もそれを「なんとか読めるものにしよう」という情熱がなかったんでしょうね。まったく内容が頭に入ってこない。言葉は「人に伝える」ための道具なのに、この文章はそれを、はなっから放棄している気がします。このおびただしい傍点にしても、原文に振ってあったのでしょうけれども、翻訳時に取ってしまうなり、なんとかできなかったのかと思いますね。傍点はその部分を強調するための飾りなのに、これだけ傍点だらけだと、傍点のない部分のほうが目立ってしまう。悪い冗談のような文章です。

池上　タイトルは『社会主義刑事学』ですか。おそらくソ連の人が書いたのだとは思いますけれども、そもそもどうして江國さんが、『社会主義刑事学』というタイトルがつくような内容の本を読んでいたのかが気になります。

せっかくですから、内容についてざっくり解説してみましょうか。

まず、犯罪とは、資本主義社会だから起こるものであるという前提があります。資本主義システムの中で、貧富の差ができたりして不満が溜まり、その不満が爆発する形で犯罪に走る者が出る。社会主義がしっかり浸透すれば、みんな平和で幸せに暮らせるというわけです。

これを前提とした上で、ソ連は社会主義になったけれども、かつて資本主義だったことから、社会の中に資本主義の残りカスがある。だからこそ、まだ犯罪が起きるというわけですね。本来であれば、社会主義の社会の中では犯罪は起きない。でも、ソ連には、まだ残滓としての犯罪が残っている。だから、「社会主義の刑事学」で対処しないといけない、というわけですね。

竹内　なるほど。そういうことが書いてあったのですか。池上さんの解説を聞くと、内容がわかります。原著者ブーフホルツ氏は、もって瞑すべし。

池上　初任地の松江で、裁判官の判決文や検察官の起訴状を読むことになったんです。私は法学部出身ではないので、そこで生まれてはじめて、司法関係の文章を読んだ。もうたまげましたね。一つの文が何ページにもわたって続いていたり、妙なお約束の「言い回し」があったり。例えば、強姦事件の起訴状は、「〇月〇日どこどこにおいてこの被告はなになにの被害者を見るやにわかに劣情を催し、同女をその場に押し倒し、強いて姦淫したものである」といった感じになるんです。「にわかに劣情を催し」にしても、「強いて姦淫したものである」にしても、普段使う言い回しではありません。これ以外の言い回しができない話でもない。でも、この言葉を使う。

司法の世界の文章というのは、江國滋さんも「悪文のうまい職種」の第一に挙げているように、悪文の典型です。でも、その悪文を目の前にして、私はなぜか「面白い」と思ってしまったんですね。それでいろいろと悪文の読み解きをしていたのですが、この『社会主義刑事学』を読めるのも、それが役立った結果かもしれません。まったく自慢にもなりませんけれども（笑）。

竹内　私の見立てでは、きっとこの三倍の分量を使って説明すれば、もっとわかりやすく書けたと思うんです。池上さんがしてくださったように、順序立てて、自分の伝えたいことを整理しながら書いていけば、ここまでひどい状態にはならなかったはずです。

つまり、「簡潔に書く」ということと、「とにかく短く書こう」ということの間には、大きな距離があるということですよね。「短ければいい」というものでもない。もし、字数が決められているのであれば、その字数の中で、自分は何が書けるのかをしっかり考えないといけない。背伸びして、自分でよく中身がわかっていないところにもってきて、さらに「短く書こう」とすると、とんでもない文章になってしまう。

池上　「短く書けていれば名文」というわけでもない。当たり前の話ですが、自分で書くときは気をつけたいものですね。

書きにくいことは「人に言わせる」

竹内　今挙げたような悪文は、さすがに誰が見ても悪文だと思いますが、ただ一般的には、何をもって名文とし、何をもって悪文とするかは、そう簡単には言えないものですね。文章には相性というものがありますから。万人が認める名文というのも、もちろんあると思いますけど、そんなに数は多くない。

池上　あまり表立っては言われていませんけれど、私などは長らく日本の代表的な作家として活躍し、ノーベル文学賞も取っている大江健三郎さんの文章は、ちょっとどうでしょうか。なぜわざわざもってまわった書き方をして、わかりにくい文章にしているのかが、どうしてもわからない。その書き方に必然性があればいいのですが、どんなに読み込んでみてもそれが見えてこない。私からすると、「自分に酔っているだけ」のような気がしてしまうんです。『死者の奢り』などは、学生時代に読んで、確かに名作だとは思いましたが、文章については、悪文と言わざるを得ないと思っているんです。

竹内　奇遇ですね。大きな声では言えませんが、大江健三郎さんについては、私も似た感想を持っています。

まあ、新聞のコラム書きごときがノーベル賞作家の文章をとやかく言えません。ただ、「人に言わせる」というズルい手はあります。

例えば、いまは亡き名コラムニストの青木雨彦さんはエッセー集『夜間飛行――ミステリについての独断と偏見』（講談社）の中で、世の〝恥ずかしい人〟を俎上に載せています。こうあります。〈大江健三郎サンも恥ずかしい。大江サンの場合は、わかりきったことをわかりにくく書いているのが恥ずかしい〉。竹内が述べているのではありません。青木さんの意見です。

池上　基本的に、新聞記事というのは、「人に言わせる」ことで成り立っているとも言えますよね。

「ものは言いよう」と言いますが、「ものは言わせよう」でもあります。

何か事件があった。その事件を取材した記者に、どうしても言いたいことが出てきた。でも、コラムや社説ならまだしも、記事の部分で取材記者の意見を入れるわけにはいかない。そこで、「識者の○○さんは、○○と言っている」という書き方をする。取材記者が自分の言いたいことを代弁してくれる人を探してくるわけです。だから、あの識者コメントというのは、取材した記者が言いたいことなんです。

「○○したいと思います」は避けよう

竹内　この章では、「悪文紹介」をしてきましたけれども、「人の文章の悪口を言う」ことは文章上達のトレーニングになるような気がします。

確かに、天に唾するような振る舞いには違いありません。敵もつくるでしょう。他人の文章の悪口を言っていると、「じゃあ、お前は相当ご立派な文章を書くんだろうな」と、みんな意地悪な目で私の文章を読んでくださる。怖いですね。自然と、緊張感がみなぎってきます。「ヘタな文章を書いて、笑い物になりたくない」と思うと、神経が張り詰めて、集中できる。文章の上達につながりそうです。人に憎まれてでも、世間を狭くしてでも文章を磨きたい、というのは病気かな（笑）。

池上　人の文章で気になるところと言えば、私は「生き様」という言葉があまり好きではないんです。ちょっと言葉に酔っている感じがするんですね。「生き方」で十分ではないかと思うんです。竹内さんには、「嫌いな言葉」というのはありますか。

竹内　私は、業界用語から一般に普及した言葉が、あまり好きではないですね。

例えば、「いじる」という言葉がありますね。もともと芸人さんの間で使われていた言葉だと思うんです。もちろん芸人さんがエッセーを書くときに「先日、客をいじっていたら」といった感じで書いてもまったく気にならないんですが、普通の記者が「いじる」と使うと、違和感を持ってしまう。

日本語には、「肴にされる」とか、「肴にする」とか味のある言葉がすでにありますよね。芸人さんでない書き手なら、「いじられキャラ」のところは、「肴にされやすいキャラ」など、言い方はいくらでもあると思うんです。確かに「いじられキャラ」だと、短く書けますけど、そういう言葉はできるだけ使いたくないなあ。

池上　芸人用語で言えば、「うちの嫁が」という言葉もありますね。一般には、「うちの嫁」と言った場合は、「息子の奥さん」になりますよね。だから、見た目はとても若いのに、「うちの嫁が」と言っているのを聞いたとき、「へえ、そんな歳なのに、もう結婚するような年齢の子どもがいるのか」と一瞬驚いて、「あ、違う。自分の妻のことを言っているんだ」と思い直したことがあります。

芸人用語が流行るようになると、関西の言葉が流れてくるようにもなりますね。例えば、「ど真ん中」という言葉も、関西言葉です。関東の人は「真ん真ん中」と言っていたはずなんですが、「ど真ん中」という人は本当に増えてきましたね。

あと、テレビ用語で、私がもっとも嫌だなと感じているのは、「○○したいと思います」という表現です。「○○しましょう」で十分ですよね。テレビの台本の原稿にも「○○したいと思います」がたくさん書いてあるので、私は勝手に直して「見てみましょう」

とか「参りましょう」とか、言い直しています。

竹内　「～したい」と「思います」で、二重に「気持ち」の表現が入っているところが引っかかるのかもしれない。気持ちを強調することで、あくまでこれは「気持ち」だけの話ですよ、「する」とも「できる」とも言ってませんよ、というニュアンスを伝えようとしているのでしょうか。

池上　へりくだっているつもりになっているんだと思うんです。この「○○したいと思います」は、女性リポーターが現場でよく使うんですよね。「私のような者がこんなことをしてもいいのでしょうか、皆さんには申し訳ないんですけど、やらせていただきます。○○したいと思います」と言う。まあ、内閣総理大臣経験者の鳩山由紀夫さんも、在任当時よく「○○させていただきたいと思います」と言っていました。へりくだる気持ちが人一倍あったのはわかりますが、最高権力者が、「○○させていただきたいと思います」と許可を取りにいくのは、どうしても違和感がある。

言葉を使うときには、その言葉が文法的に正しいかどうかだけでなくて、その言葉に込められている「意味」を考えなければいけないということですね。

「こだわる」と「片手落ち」の本来の意味

竹内　誤用されていた言葉が、世間で使われ続けることで、市民権を得ることもありますね。これも扱いが難しい。

しばしば引かれる例で気が引けるのですが、誰かが言い続けないといけないと思うので取り上げましょう。お察しの通り、「こだわる」です。本来は良い意味では使いません。

書家の榊　莫山《さかきばくざん》さんが亡くなったときにも、ある新聞の一面のコラムが「書に関してはこだわりの人だった」と書きました。榊莫山さんは書家です。書家の人が、書に対して、常人よりも気を遣うのは当然です。「書にこだわる書家」の意味がわからない。ギリギリ譲歩しても、「紙にこだわる」、あるいは「墨にこだわる」まででしょう。これにしても、書家であれば当たり前の話です。

固執してはいけないときに固執するのが「こだわる」本来の意味なのに、今は「妥協しないで取り組む」の意味で使われています。こうなってくると、本来の悪い意味で使うほうが間違っているように見えてくる。だから私は最近、「こだわる」という表現そのものを避けるようになってしまいました。

「こだわる」を使えば、そりゃあラクですよ。言い換える手間が要りませんからね。「材料にこだわる」であれば「材料を吟味する」。「勝ちにこだわる」であれば「勝利を最優先に考える」。その都度、言い換えるのは面倒だけれども、でも、この手間のかかる厄介な作業が文章を練る楽しさだと思うんです。

それから、本来は別に差別的な意味など含まれていないのに、差別を思い起こさせる悪い意味の言葉だと誤解されて、今ではもう使えなくなってしまった表現もあります。例えば、「片手落ち」。

池上　確かに、「片手落ち」は、使いたいけれども使えない言葉になってしまいましたね。もともとは、「手落ち」という言葉から来ています。手落ちとは、別に手が本当に落ちることではなくて、「手が十分に行き届かないこと」を意味します。そこから派生して、全体の中の一部分だけ「手が行き届かなかった」ような場合に、「片手落ち」という言葉が使われるようになりました。だから、「腕がない」といったこととは、まったく関係がない言葉なんです。当然、どこにも差別的な意味など込められていない。でも、今は片腕を失っている人を揶揄《やゆ》する言葉として「誤解」されてしまうので、使えなくなってしまった。

竹内　もともとの語義から考えれば、いわれのないことだとしても、誰かがその言葉を聞いて不快になるのであれば、使えなくなるのは仕方ない。文章書きとしては、どんどん窮屈になっていくなあ、とは思いますね。

ちょんちょん括弧は逃げの言葉

竹内　新聞に載った自分のコラムを読み返して、「ここはヘタな小細工をせずに、普通に書いたほうが洗練された文章になったなあ」と反省することがよくあります。後悔の頻度が高いのは、傍点やかぎ括弧などの記号ものです。強調したい箇所をお手軽に強調できるのですが、読み返してみるとほとんどの場合、そもそも強調する必要がなかった。

池上　括弧の中でも〝〟（ちょんちょん括弧）は、新聞業界に特有のものですよね。「いわゆる」という意味を込めて使っていたりする。もう少し正確に説明すると、自分は「その通り」だと思っているわけではない。けれども、世間ではこう言われている。それをちょんちょん括弧に託して、新聞記者たちは原稿を書いているんですね。だけど、どうも業界内でしか伝わっていないようで、一般の人に「このちょんちょん括弧というのは、いわゆるという意味なんです」と言ったりすると、「そんな風に考えないで読んでいた」と、みんなびっくりする。こういうものはできるかぎり、使わないほうがいいですよね。

竹内　結局、逃げの言葉なんですね。私もまだできていないけど、ちょんちょん括弧も使わず傍点も使わず傍線も使わず、普通に書いてその部分が読者の頭や心に残るというのが理想です。

「表現で驚かすな。事実で驚かせ」と昔言われたような気もするけれど、淡々とファクトを綴るだけで、そのファクトがずしんと読者に響くのが本当はいいんでしょうね。

括弧の話で思い出すのが、江國滋さんの見事なかぎ括弧の使い方です。初めて読んだときは、こういう工夫の仕方があるんだと驚きました。

雑誌の編集長という仕事は、プロ野球の監督業に似たところがある。「勝つこと」という至上命令を背負って全軍を指揮するのだから、気の休まるときがない。勝てば名監督である。他チームから引抜きの声もかかる。その同じ名監督がひとたび負けがこみはじめるとたちまち凡監督に下落して、周囲の目も現金につめたくなる。「ような気がするんですね。実際には、だれもそんなふうに見てなくても、なんとなく社内の視線が突き刺さるような気分に襲われて……」

それで、講談社の風格のあるあの薄暗い廊下を、現取締役牧野武朗氏はこそこそと俯《うつむ》いて歩いたそうである。

（産業能率短大出版部刊・江國滋著『語録・編集鬼たち』より）

池上　これは面白いですね。冒頭の地の文が、一見、著者である江國さんの考えのように読めるんだけど、読み進めていくと、江國さんが取材した相手の言葉だとわかるようになっている。

竹内　そうなんです。きっと、最初からかぎ括弧をつけて、ダラダラ書いても、誰も読まないだろうと見越しての工夫でしょうが、セリフの処理の仕方としては、抜群にうまいと思いました。名人芸でしょう。

「絆」は使いたくない言葉、「機会」は注意しなければいけない言葉

竹内　あまりにも世の中で使われているから、使うのをためらう表現もありますね。例えば、地震が起きて、それについて書くというときに「天災は忘れた頃にやってくる」という文からは入りたくない。

「絆」も、東日本大震災以来、使いたくない言葉になりましたね。「○○と思うのは私だけだろうか」も使わないようにしています。

池上　そういう系統の言葉で言えば、「○○と思う今日この頃です」は、私は絶対に使わないですね。それから、確か竹内さんの編集手帳だったかと思いますが、「○○と会う機会を得た」とか「○○する機会があった」とか、「機会」というのを使うのは嫌いだと書いてあって、その文章を読んで以来、「機会を得た」を使えなくなりました。正直に申し上げて、ちょっと不便に感じるときもあるのですが、仕方がありません（笑）。

竹内　ああ、そんなことがありましたか。確かに、自分としては、そんなに気にせずに使っていた言葉でも、誰かが「この言い方は嫌いだ」と書いたり、話したりしているのを見聞きすると、ちょっとその言葉を使うのにためらいが出てきますよね。

誤解してほしくないのですが、言葉狩りをするつもりはありません。「機会」について言えば、使ってもいいなと思う場面はあるんです。でも、「これはだめでしょう」という場合もある。

ある新聞の夕刊コラムで見かけた例を紹介します。〈東京都知事選で、小池百合子氏が早々と当選を決めた7月31日夜は×××（放送局名）の「×××（番組名）」に出ていた。

番組中、小池氏にインタビューする機会があった〉。政治家を取材して記事にするのが政治ジャーナリストの仕事ですよね。その人が、報道番組に出演して、当選知事にインタビューしたときに、「インタビューする機会があった」と書くのはおかしいと思うんです。相手が〝時の人〟であっても、その人を取材するのは政治記者の仕事なわけですから。パン屋さんがパンを焼くのと一緒で、これを「機会」といってしまうと、それこそ池上さんなどは、一年中「機会を得て」ばかりということになる。素直に、「インタビューした」とどうして書かないのでしょう。

「機会」という言葉を使うのに適した場合というのは、読者が「へえ」とか「ほお」とか、そういう感嘆が自然と上がるような場面だろうと思うんです。例えば、読売新聞の社員である私が、「先日、築地にある朝日新聞社の社員食堂でカレーライスを食べる機会があった」と書けば、読者としては、「へえ、読売の人がライバルの朝日に飯を食いに行ったのか。何でだろ」と、ちょっとした「へえ」が付く。でももし、私が「大手町にある読売新聞の社員食堂でカレーライスを食べる機会があった」と書いても、読者は「へえ」とは思わない。お前の会社だ、カレーでもカツ丼でも、なんでも食えよ、と言われるのがオチです。こういう場合に「機会」は似合わない。

きっと「機会」を多用してしまう人は、「私のした経験は非常に価値があるものなんですよ、滅多にないことなんですよ」ということを、示したいんだと思うんです。自慢したい。いわば、自分の話を大きく見せるテクニックです。ただこれは、あまりおすすめできない。「わざわざこういう言葉遣いをするということは、中身のある話を聞けなかったんだろうな」と思われるだけだからです。もったいをつけたことによって、逆効果になっている。損でしょう。

自慢話はしない

竹内　「避けたい表現」を突き詰めると、「自慢話」につながっているものが多い気がします。「機会」という言葉にしても、その言葉の背景には、「あの人と会ったことがある」「あの人のことを知っていた」「自分はあそこへ行ったことがある」などなどの、「自慢」が潜んでいる。そして、読者というのは、それを敏感に感じ取るものだと思うんです。だから、極力、「自慢」は抑えるようにしています。

この編集手帳は特別版といいますか、内輪版といいますか、読売新聞の社報に載ったものです。新しい社屋が完成したときに書きました。このコラムに込めた思いというのを一言で言えば、「志は高く、されど高慢になるな、謙虚であれ」ということなんですが、コラム書きの仕事に引き寄せて言えば、「自慢はダメよ」という自戒になります。

ノーベル物理学者の小柴昌俊さんは自分を「実験屋」と呼ぶ。歌手の都はるみさんは「歌屋」を自称する。映画監督は「活動屋」を、エンジニアは「技術屋」を名乗る。プロの世界には、卑下を装った矜持の自称がある。

おのが仕事に抱く誇りのマストが高いぶん、蔑称めいた呼び名を〝底荷《そこに》〟に積み、自分という船のバランスを保つのだろう。「ブン屋」もその一つである。

誇らしい。新社屋の感想はその一語に尽きる。機能といい、美観といい、新聞社で日本一、おそらくは世界一かもしれぬ職場環境に胸を張った人は多いはずである。

世の不正に怒ること。人の悲しみに寄り添うこと。誰よりも怒りん坊であり、泣き虫であること。胸を張りすぎて原点を忘れ、船が傾いてもいけない。「おい、ブン屋さんよ」と日に何度か、わが身に呼びかけている。

遠い昔、ある歌謡曲の替え歌で『ブン屋ぶるうす』なるものを聴いたことがある。

〽鬼も蛇《じゃ》も棲《す》む憂き世の底で／散った命にもらい泣き／インクの匂いに顔うずめ／酔

いつぶれた夜を誰が知ろ…。誇りのマストよ、より高くあれ。自戒の底荷よ、より重くあれ。

（『読売新聞社報』新社屋特集号より　筆・竹内政明）

池上　「社報用の編集手帳」ですか。基本的には、社員の人しか読む機会がないわけですよね。新社屋記念とはいえ、これ以上ない贅沢な使い方です。竹内さんの編集手帳の愛読者からすると、「もったいない使い方」とも言えますね。

ところで、この後半に出てくる『ブン屋ぶるうす』は、もしかすると竹内さんの自作ですか。

竹内　エッ、わかります？　私が即興で作りました。こういうのは、社報だからできる遊びですね。新聞に載せると、誤報になってしまいますから。ただ、わりとうまく書けた歌詞なので、内心、謙虚さを忘れて「自慢」しています（笑）。

ここで一つ、出来たてホヤホヤの恥をご披露します。先ほど、「自慢話は書かない」と大見得を切りましたが、ついこのあいだ、自慢話を書いてしまったんですよ。作曲家の船村徹さんの文化勲章受章が決まったときの編集手帳です。じつは、作詞＝私、作曲＝船村先生、歌＝某プロ歌手、で演歌のＣＤを発売したことがあるんです。その話を書いてしまった。自慢したい欲望に負けました。人間は弱いものですね。

読者が覚えるだろう反感を笑いの要素で薄めるべく、書き出しに多少の工夫は施したんです。

〈誰かと話していて、相手がそのセリフを口にしたときは覚悟したほうがよろしい。「これは何も、自慢して言うのではないのだが…」。十中八九、自慢話を聞かされるものである／これは何も自慢して言うのではないのだが、何年か前、へたな演歌の詞に船村徹さん(84)が曲をつけてくださり、ＣＤになった（以下略）〉

読者の評判はあまりよくなかったな。自慢話はダメですね。猛省、猛省。

失敗談こそがもっとも面白い

池上　「自慢話」の対極のものとして、「失敗談」があると思うんです。「失敗談」はやっぱり面白い。この本でも紹介した竹内さんの入社案内の文章も、竹内さんの若い頃の失敗談が幹になっています。

例えば、自己紹介をして、国際情勢を語ろうというときに、「実はこれまで七五の国と地域に行ってきました」みたいなことをそのまま言うと、これはもう自慢話に聞こえてしまいます。でも、なぜ私が国際情勢を語ることができるかといえば、それは世界中を見てきた経験があるからで、これは伝えておかなければいけない。そこでどうするか。「実はこれまで七五の国と地域に行ってきました」と言ったあとに、「イモトアヤコさんは八〇を超えているそうですが」と付けるんです。この一言を入れるだけで、ドッと笑ってもらえる。笑ってもらえるだけではなくて、うっかりすると自慢話に聞こえてしまいそうな話を、「へえ、そうなんだ」とフラットな形で受け入れてもらえるようになるんですね。ちなみに、いまやイモトさんは一〇〇に達したそうですが。

竹内 私の場合はうまくいかなかったけれど、どうしても「自慢に聞こえてしまいそうな話」をする場合は、しっかり打ち消し方も考えておかなければいけないんですね。

池上 そうです。そして、一般の方の失敗談でうまくいかなくなるのは、生々しい悩みの吐露になってしまう場合です。これは「自慢話」と同じように避けなければいけませんね。

というのも、読者や視聴者というのは、カウンセラーではないからです。「話を聞いてくれる存在」ではありますが、あくまでお客さんとして聞いてくれるのであって、話し手がすっきりするために聞いてくれるわけではない。ここは間違えてはいけないところだと思います。

例えば、失敗談というのは、その書き手や話し手が、その失敗について、心の中で解決できていないとダメだということです。コンプレックスになっているような失敗談を話しても、場の空気が悪くなるだけなんですね。失敗談の中でも、「今となってはいい思い出」となっているものを選んで、書いたり語ったりするといいと思いますね。

無理に奇をてらった話をしない

竹内　入社試験の作文や、入社面接では、とにかく自己PRをしないといけないと思い込んでいる人が多いと思うんです。「自分はこれができる」「ここが人よりも優れた点だ」と、前のめりになって、主張しなければいけないと思っている人が多いような気がするんですね。

私は実際に採点をしたことがないんですけど、例えば、入社試験の作文があったとして、すごく斬新な切り口で書かれているとか、みんなが唸るような閃《ひらめ》きを披露したとか、そういうことで評価されるものではないと思うんです。

たとえ平凡なことしか書いてなかったとしても、自分の論について、順を追って、丁寧に展開することができていれば、それはしっかりと評価される。「この人は健全な思考能力を持っているのかな。そして、その能力の産物であるアイデアを人に伝えることができるのかな」ということが試されていると思うんです。

入社試験というのは、そもそも一緒に働く人間を選ぼうという試験です。もちろん会社にとっては、突拍子もないユニークな人間も必要でしょうけれども、それはあくまで少数でよい。何はさておいても、健全な常識、健全な思考回路を持っている人材を採用したいと思っているはずですから、それが伝わる文章を書くのが大事になりますよね。

単に面白いか、つまらないかで評価されることはほとんどない。文章は、その書き手がどんな人間かを知るための材料になっているはずです。その場合は、無理やりに奇をてらった話を書く必要はないんです。

池上　竹内さんは、読売新聞の入社試験では何を書いたか覚えていますか。

竹内　覚えていませんね。

池上　私は覚えているんです。まず、私のときの入社試験で出たテーマは「創造」でした。「創造」という漢字二文字を使って、自由に文章を書きなさい、というわけですね。何を書いたのかまではっきり覚えています。結局、「創造する力があるというのは、想像力があってこそなんだ」ということを、書いたんです。つまり、入社試験のときから、言葉遊びをしていたというわけですね。

勘違いしていただきたくないのですが、これは自慢ではなく、自虐ですからね。

竹内　そうか、若い時分からダジャレの練習をしておかないと、しっかりとした文章は書けないんだ。「この本を読んで文章が書きにくくなった」という生真面目な読者が現れたら、それは池上さんのせいということで、ひとつ、いかがでしょうか。

対談を終えて

ギャング映画には、しばしばボディーチェックの場面が出てくる。相手のポケットをまさぐり、衣服の膨らみを叩き、隠し持っている銃やナイフを探す。

それに似た対談になった。目当ての品は凶器ではなく、相手が持っていて内緒にしているはずの文章術である。

池上彰さんは不思議な文章を書く。

読んでいる文章の内容が頭に沁み込む速度は、多くの場合、活字を目で追う速度よりも遅い。中身を咀嚼しないうちに目だけが先走ってしまい、何行か前に戻って読み直す仕儀となる。それが普通である。

池上さんの書く文章は、読む速度と理解する速度がぴったり一致している。前に戻って読み直す必要がない。想像するに、育った場所と関係がある。本の活字と違ってテレビやラジオの電波は、前に戻るどころか足踏みさえ許してくれない。口から出た瞬間に言葉が消えていく放送の世界で磨かれた技術だろう。

執筆して一五年になるが、私が読売新聞の朝刊一面に書いている「編集手帳」は、朝のいちばん忙しい時間に読んでもらうコラムである。まだ寝ぼけ眼で読む人もいる。前に戻って読み返す手間を、読者にしいるのは心苦しい。池上流文章術の奥義に触れたいものだと、前まえから思っていた。

対談を終えたいま、池上さんのポケットからいくつかの秘密を探り当てた幸福感に浸っている。

それは確かにそうなのだが、一抹の憾《うら》みもないではない。気がつけば、「まさぐる」よりも「まさぐられる」ことに時間を費やしてしまった。

対談は口の格闘技である。なごやかに語り合っても、おのずと勝敗はつく。池上さんの口車……もとい、巧みな話術に乗せられて、気分よくしゃべっているうちに、ただでさえ中身の乏しい当方のポケットは裏地の袋まで引っ張り出されてしまった。「おい、竹内。お前のなんか、どうでもいいんだよ。池上さんのポケットの中をもっと見せろ」と、ご不満の読者もあろう。

ひとえに、わが訥弁《とつべん》の罪である。今夜は、愚鈍なる舌を飛び切り辛口の吟醸酒に浸し、〝酒責め〟の刑に処するつもりでいる。

二〇一六年一二月

竹内政明

池上　彰 いけがみ・あきら

1950年、長野県生まれ。ジャーナリスト。名城大学教授、東京工業大学特命教授。慶應義塾大学卒業後、NHKで記者やキャスターを歴任、94年より11年間『週刊こどもニュース』でお父さん役を務める。2005年からフリーランスとして多方面で活躍。著書に『知らないと損する　池上彰のお金の学校』（朝日新書）など。

竹内政明 たけうち・まさあき

1955年、神奈川県生まれ。読売新聞取締役論説委員。79年、北海道大学卒業後、読売新聞入社。長野支局を経て、東京本社経済部で財政、金融などを担当。98年から論説委員。2001年から「編集手帳」を担当。著書に『編集手帳』（中央公論新社）、『名文どろぼう』（文春新書）など。

朝日新書
600

書《か》く力《ちから》

私たちはこうして文章を磨いた

2017年1月30日第1刷発行

著者　池上　彰
　　　竹内政明

発行者　友澤和子

カバーデザイン　アンスガー・フォルマー　田嶋佳子

印刷所　凸版印刷株式会社

発行所　朝日新聞出版
〒104-8011　東京都中央区築地5-3-2
電話　03-5541-8832（編集）
　　　03-5540-7793（販売）

Published in Japan by Asahi Shimbun Publications Inc.
ISBN 978-4-02-273700-7
定価はカバーに表示してあります。

落丁・乱丁の場合は弊社業務部（電話03-5540-7800）へご連絡ください。
送料弊社負担にてお取り替えいたします。

芸人最強社会ニッポン

太田省一

政治・文学・司会者・コメンテーター……どこもかしこも芸人ばかり⁉ お笑いという垣根を越え、芸人という肩書がもはや〝万能化〟した日本。ソツのなさ、人当たり、空気読み、そしてコミュ力が過度に求められる日本社会の実相を、気鋭の社会学者が鮮やかにえぐる。

ルポ 保健室
子どもの貧困・虐待・性のリアル

秋山千佳

虐待の家で育った少女が、笑顔を取り戻した――。貧困・虐待・スクールカースト・ドラッグ・性。現代の子どもたちが抱える問題の最先端が現れる「保健室」と、そこで彼らを支えて奮闘する「養護教諭」の活動に密着したルポルタージュ！

渡る老後に鬼はなし
スッキリ旅立つ10の心得

橋田壽賀子

「おしん」「渡鬼」など人気テレビドラマの脚本家は91歳、一人暮らしだ。葬儀なし、友なし、子なし、さまざまな因縁を絶つ「後悔なし」の〝終活宣言〟である。女学校時代の恋、役者をした早稲田の学生時代、松竹第一号の女性脚本家など、波乱の人生も振り返る。

地方銀行消滅

津田倫男

全国の地方銀行が人口減少による経営先細りに苦しみ、一斉に統合・再編に走り始めている。5年後には計105行が20ほどのグループに姿を変えるだろう。「生き残る」地銀は⁉ 元敏腕バンカーの著者が大胆に予測する。地域別「列島再編チャート」付き。

年を取るのが楽しくなる教養力

齋藤 孝

まだまだ働き盛りと思っていても、次第に「老い」や「死」を意識し始める50代。ゲーテ、宮沢賢治、『論語』、『カラマーゾフの兄弟』などの文芸作品に導かれながら、人生後半戦の楽しみ方や、不安を解消するすべなどを説き起こしていく。

分断社会ニッポン

井手英策
佐藤 優
前原誠司

低成長の今、6人に1人の子供が貧困状態にある。生活不安に怯える中間層は、より貧しい人の利益を切り詰め、自らへの再配分を訴える。殺伐とした社会を変えるにはどうしたらいいのか。気鋭の財政学者、政治家、情報のプロが解決策を提唱。

日本より幸せなアメリカの下流老人

矢部 武

低福祉、格差社会のアメリカだが、貧困老人に関しては年金や支援制度が手厚い。日本のように40年まじめに働いた人が年金で生活できないことはありえない。全米を徹底取材。なぜ、日本の老人は不幸なのか。取り入れるべき支援制度は。新しい問題提起が満載。

傷つけあわない関係をつくるシンプルな習慣

心屋仁之助

累計30万部超えの『シンプルな習慣』シリーズ第3弾。人気心理カウンセラーが教える上司部下、親子、恋人、夫婦など「大切な人と傷つけあわない関係をつくる」ためのヒント。

日本史のなぞ
なぜこの国で一度だけ革命が成功したのか

大澤真幸

日本史上ただ一人の革命家とは誰か? 日本史のなぞを足がかりに、キリストの革命、中国の易姓革命などとの比較考察を通じて、社会を変える「真因」に迫る大澤社会学の新たな地平。

増補改訂 財務3表一体理解法

國貞克則

簿記を勉強しなくても会計がわかる! シリーズ累計60万部突破の大ヒットの内容を大幅に増強。加えて、この10年の会計実務の変化に対応したほか、ビジュアル力も大アップ。

財務3表図解分析法

國貞克則

ベストセラー『財務3表一体分析法』の全面改訂版。取り上げる会社を見直し、数字は最新決算に一新! キャッシュフロー計算書の読み解き方が出色だ。ビジネスマン必読!

我慢をやめてみる
人生を取り戻す「起業」のすすめ

森川 亮

LINE社長の座を捨て、48歳で「C CHANNEL」を設立した著者が、「起業」の魅力を語る。「我慢」して会社に尽くすのをやめ、自分の好きなことに集中して生きるためのヒント。

天皇と憲法
皇室典範をどう変えるか

島田裕巳

天皇陛下の「生前退位」をどう受け止めるか? 皇室典範はどう変えていくべきか? そして憲法はどうなるのだろうか? 「天皇制の危機」を改憲問題と併せて解く渾身の書き下ろし。

日米開戦と人造石油

岩間 敏

米国の対日「石油輸出禁止」で開戦か否かに追い込まれる。判断のひとつが「人造石油」の生産予測だった。昭和12年に始まった国の命運をかけた大プロジェクトの全貌だ。

グローバリズム以後
アメリカ帝国の失墜と日本の運命

エマニュエル・トッド

グローバリズムが中間層を破壊し、テロと憎悪の連鎖が世界を分断する。英国EU離脱、中国の脅威に対して日本の運命は——現代最高の知性が歴史の大転換期を読み解く。

知の進化論
百科全書・グーグル・人工知能
野口悠紀雄

知識と情報の拡散は、世界のあり方をどのように変えてきたか？　書写の時代からグーテンベルクの活版印刷術発明を経て、デジタル化とIT革命、そしてAIの世紀へ。知の万人への開放がもたらした社会変革の正体を読み解き、未来への視座を提示。

日本「一発屋」論
バブル・成長信仰・アベノミクス
原　真人

日本人は結局、高度成長の「一発屋」なのか？　この国には知恵も技術も、底力もある。問題はマインドが「一発屋」のままなことだ。夢よもう一度でアベノミクスのバブル一発に賭ければ、国民生活はどん底におちいる。現場発の経済再生策！

「自分には価値がない」の心理学
根本橘夫

がんばっているのにつらいことが多い。誠実であるがゆえに生きるのが苦しい。そんな人の心の底には、自己無価値感が横たわっている。自分に自信がない人でも大丈夫。本書の方法を積み重ねれば、無価値感は自ずと乗り越えられる。

ポケモンGOは終わらない
西田宗千佳

社会現象を巻き起こしたポケモンGOは、いかに生まれ、どのような影響をもたらしたのか？　その爆発的ヒットの中に仕掛けられた驚異のビジネスモデルと新しい技術を徹底検証し、日本が「ポスト・ポケモンGO」を作り出す未来を展望する。

丘の上のバカ
ぼくらの民主主義なんだぜ 2
高橋源一郎

人間はろくでもない。ここを認めているから民主主義はすごいし、ぼくらに必要なんだ。ギリシアから現代まで試行錯誤してきた民主主義についての決定版。朝日新聞論壇時評、紀行文など危機の時代を見通すエッセイ21。10万部突破ベストセラーの続編！

結局、人は顔がすべて

竹内一郎

運を呼び込む顔、仕事がうまくいく顔とは？ 顔は変わる、変えられる！ 心がけ次第で良くも悪くもなる顔の本質を知り尽くすことで、誰でも思い通りの顔を手に入れることができます。「見た目の専門家」である著者が説く、整形美容にも優るセルフ造顔術のすべて。

ホセ・ムヒカ 日本人に伝えたい本当のメッセージ

萩 一晶

「世界一貧しい大統領」と呼ばれたムヒカ氏については「貧乏を肯定する幸福論」が注目されるが、それは一面にすぎない。政治哲学・業績を紹介しながら大統領に選ばれた意味を考える。また現地での単独取材に成功。ムヒカ氏が本当に日本人に伝えたかったこととは？

続・下流老人
一億総疲弊社会の到来

藤田孝典

「年収400万でも将来、下流に」――半年で20万部を突破し、流行語にもなった『下流老人』は、一般に金持ちと思われていた高齢者の貧困を〝発見〟した。続く本書では、ますます深刻化する現状をたどりつつ、自分が下流化しないための〝解決策〟を提示する。

SMAPと平成

中川右介

あれから僕たちは――。2016年8月8日から14日、SMAPの解散発表、そして天皇陛下の生前退位のご意向発表という衝撃的な出来事が重なった。時代の転換点となったこの1週間から、SMAPの軌跡と平成という時代の総体に迫るメタ・ノンフィクション。

朝日新書

書く力
私たちはこうして文章を磨いた

池上 彰
竹内政明

テレビや本で多くの人を引き込む解説をする池上さんと、読売新聞の1面に15年間コラム「編集手帳」を書き続けている名文家・竹内政明論説委員の文章術対談。誰が読んでもわかる、うなる文章の書き方を伝授する。書き出しや構成の秘訣を惜しみなく披露。

夢の叶え方を知っていますか？

森 博嗣

あなたの夢は、見たい夢か、見せたい夢か？　もし後者であるなら、願いは永遠に実現しない。庭園鉄道をつくることが夢だった著者は、小説家として億単位を稼ぎ、憧れの隠遁生活で日々夢に邁進する。それを可能にした、願いを現実にするための方法論。

だしの神秘

伏木 亨

日本料理のおいしさに絶対欠かせない味の礎がだしである。古来、油脂や砂糖が一般に手に入らなかった日本で、うまみをなすだしが発展していった歴史からひもとき、またうまみを最大限に引き出す料亭のだしを平易な言葉で科学的に分析。神秘なるだしの世界を照らす。

アメリカの大学の裏側
「世界最高水準」は危機にあるのか？

アキ・ロバーツ
竹内 洋

過酷な教員終身雇用（テニュア）審査が続く学内には「枯れ木」教授が居座り続け、世界一高い授業料に、学生ローンは100兆円超え！　超名門大学が「階級格差」を再生産……。そんな実態をアメリカの現役大学教授が徹底リポート。そこから見える日本の大学論も収録。